리더를 위한 역사논술 5

2018년 11월 1일 증보 개정판1쇄 펴냄

지은이 오증교·황복순
그린이 우덕환
사진 서찬석·국립중앙박물관·문화재청·서울시
디자인 김현일
마케팅 김태준·김경옥
펴낸이 박우현
펴낸곳 로직아이
등록 제 307-2011-58호
주소 서울시 마포구 신촌로 38(동교동)
전화 (02)747-1577
팩스 (02)747-1599
인쇄 JK프린팅

ⓒ㈜로직아이
※ 글과 그림의 무단 복제와 전제를 금합니다.
※ 잘못된 책은 바꿔 드립니다.

ISBN 978-89-94443-83-6

리더를 위한 역사 논술 ⑤

조선 개항부터 해방까지

머리말

항일 독립운동가와 친일파의 후손들

우리의 역사는 단순한 역사가 아니라 5,000년 이상을 꾸준히 이어온 유구한 역사예요. 중국과 일본의 여러 차례 침탈에도 불구하고 우리는 자랑스러운 역사를 가지고 있어요.

우리나라의 근대사는 부강한 나라만이 세계적으로 떳떳할 수 있음을 가르쳐 줘요. 개혁과 개방이 중요하다는 사실도 알게 하지요. 우물 안의 개구리는 절대 발전할 수 없어요. 조선 후기의 역사는 우리가 더욱 강해져야 하는 이유를 확실히 보여 줍니다.

우리가 일제 치하에 있었다는 사실은 부끄러운 역사예요. 쓰라린 과거지요. 우리는 다른 것은 다 잊어도 일제 치하에 있었다는 사실만큼은 기억하고 반성해야 해요.

일제 강점기에는 조국을 내팽개치고 자신의 부와 명예만을 탐했던 친일파들이 있었어요. 현재 대한민국에도 일제가 대한민국 발전에 지대한 영향을 끼쳤다고 주장하는 친일파의 후손들이 있어요. 일제 강점기의 일본인들보다 더 나쁜 사람들이에요. 그들을 기억하는 것은 조국을 위해 자신과 자신의 가족을 희생시켜 가며 독립운동을 했던 독립 유공자들에 대한 예의지요. 여러분은 이 사실을 잊지 않아야 해요.

"대한 국민은 3·1 운동으로 건립된 대한민국 임시 정부의 법통과 불의에 항거한 4·19 민주 이념을 계승"(헌법 전문)하고 있습니다. 우리는 대한민국의 독립과 발전을 위해 애쓴 분들의 마음을 가슴 깊이 간직해야 해요. 우리의 정신에 열정과 정열이 살아 있는 이유도 그들이 있었기 때문이지요. 다시 한번 일제 강점기에 독립운동을 하셨던 분들께 경의를 표합니다.

그렇다면 친일파들이 나라를 팔아 축재했던 재산은 당연히 환수해야겠지요? 그래서 우리나라 정부는 2005년 12월 29일 '친일 재산 환수법'을 발의 제정했어요. 러일 전쟁(1905년) 이후부터 축재한 재산을 환수한다는 뜻이에요. 늦었지만 올바른 법률이지요.

　나에게는 '소박한' 꿈이 있어요. 일본보다 앞서는 것이에요. 축구나 야구가 아니라 경제에서요. 현대는 경제 전쟁의 시대이거든요. 대한민국이 한 번만이라도 일본을 앞선다면 나는 여한이 없을 거예요.

　그러나 남한만으로는 일본을 이기기가 어려워요. 남북통일이 되어야 해요. 통일이 되면 당장은 조금 불편하겠지만 나라 전체는 강해질 거예요. 통일은 강대국으로 가는 지름길입니다.

　대한민국을 강대국으로 만들기 위해서는 여러분이 좀 더 힘을 내고 조금 더 노력해야 해요. 그래야 일본이나 중국과 당당히 맞설 수 있을 테니까요. 여러분 자신도 그만큼 자부심과 긍지를 느낄 거예요. 이제 여러분의 무대는 한반도가 아니라 세계입니다.

　과거에 대한 반성은 발전의 초석이에요. 역사 공부의 목적은 과거를 반성하여 미래를 향한 새로운 힘을 얻는 데 있어요. 이제부터라도 떳떳하고 올바른 역사를 만들어 간다면 우리의 후손들은 더욱더 대한민국을 자랑스러워할 겁니다. 이제는 힘을 모아 미래를 향해 전진해야 합니다.

　마지막으로 이 교재가 나오는 데 원고 검토와 교정 교열 등에 도움을 주신 갈진영, 김택신, 김현숙, 배동순, 이근하, 류봉균 선생님 등 많은 선생님들께 감사드리고, 특히 역사와 한국사 일반에 대해 조언을 아끼지 않은 동국대학교 사학과 학과장이신 양홍석 교수님과 차인배 박사님께 감사드립니다.

로직아이 원장 박우현

교재 사용 방법과 특징

이 교재에는 단원마다 전체의 역사를 알 수 있는 만화, 그림으로 만든 연표가 문제와 더불어 들어 있어요. "한눈에 쏙쏙! 시대 엿보기"예요.

교사와 학부모 그리고 학생들은 펼친그림과 연표를 통해 단원 전체를 한눈에 알 수 있습니다. 재미있는 이야기와 더불어 그림을 통해 앞으로 배울 전체의 흐름을 이해한다면 더욱 좋겠지요?

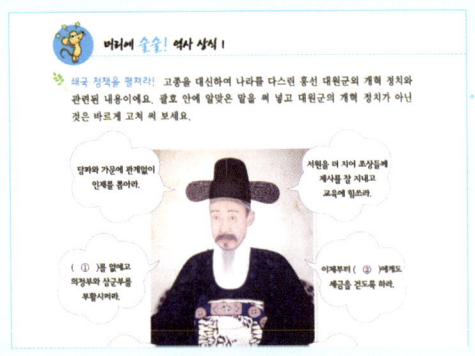

역사를 이야기할 때는 재미만 중요하지 않아요. 역사 상식이 있어야 해요. 그래서 먼저 "머리에 술술! 역사 상식"을 배치했습니다.

여기서는 게임, 퀴즈 등으로 시대별로 중요한 역사적 사실들을 정리할 수 있어요. 상식만 정리해도 굉장한 지식을 습득할 수 있어요.

역사 공부도 몰입이 중요해요. "재미가 솔솔! 역사 속으로"

역사 속에서 그 시대 사람이 되어 생각해 본다면 역사가 조금 더 실감 날 수 있어요. 학생들이 역사 속의 주인공이 된다면 그 시대를 좀 더 가깝게 느낄 수 있지요.

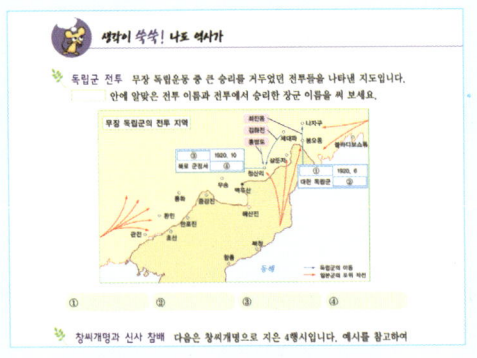

학생들도 역사의식이 있어야 해요. "생각이 쑥쑥! 나도 역사가" 코너는 역사에 대한 자기 생각을 필요로 해요.

토론할 때는 무엇보다도 자기 생각이 중요해요. 자기 생각이 있어야 다른 사람들의 생각에 대해 창의적으로 대처할 수 있습니다.

"마음에 꼭꼭! 되돌아보기"

앞서 학습한 내용에 대한 정리와 더불어 역사의식을 가지고 새롭게 자신의 가치관을 정립할 수 있어요. 공부할 때는 요약과 정리만큼 중요한 것은 없어요. 핵심을 파악해야 정확하게 안다고 할 수 있거든요.

<리더를 위한 역사 논술> 교재 한 권은 단원별로 구성되어 있습니다.
교사나 학부모는 수업 방식에 따라 그리고 학생들의 역량에 따라 분량을 조절해서 수업할 수 있어요.

그림을 중시했어요.

학생들은 그림을 좋아하니까요. 그림 속에 역사 이해의 열쇠가 숨어 있어요. 생각의 단초도 제공할 거예요. 잘 살펴보세요.

교재 뒷부분에는 역사 낱말 풀이가 있어요.

시간이 되면 역사와 관련된 장소에 직접 가서 체험해 보세요. 백문이 불여일견, 백견이 불여일행! 백 번 듣는 것보다 직접 체험하는 것이 더 효과적이니까요.

지침서는 선생님용이에요.

학생들은 더 알고 싶은 내용이 있으면 선생님이나 부모님께 물어 보세요. 좋은 질문은 여러분을 더욱 멋진 사람으로 만들어 줄 거예요.

이 책을 통해 여러분들과 함께 재미있고 의미 있는 역사 여행을 할 수 있게 되어 무척 기뻐요. 이 기회에 여러분도 세상을 보는 멋진 눈을 갖게 되기를 바랍니다.

지은이 일동

차례

05 조선의 개항과 독립운동

한눈에 쏙쏙! 시대 엿보기   10

머리에 술술! 역사 상식 1   14
- 서양 세력 확장 | 외규장각 의궤
- 쇄국 정책을 펼쳐라!
- 경복궁 중건
- 개방의 요구 | 내가 쓰는 척화비(척화비와 그 의미)
- 강화도 조약을 맺다

머리에 술술! 역사 상식 2   20
- 변화의 요구와 개혁 : 임오군란
- 변화의 요구와 개혁 : 갑신정변
- 동학 농민 운동(1894년)
- 탐관오리 조병갑과 녹두 장군 전봉준 | 갑오개혁
- 명성 황후 시해 사건(을미사변 : 1895년)
- 국권 피탈(경술국치)
- 을사조약(을사늑약 : 1905년)
- 근대 교육과 근대화
- 달라진 생활 모습
- 나도 독립신문 기자

05 조선의 개항과 독립운동

재미가 솔솔! 역사 속으로 30

도시화와 근대화
전화를 사랑한 고종, 백범 김구를 살리다!
헤이그에 특사단을 파견하다!
나라 안 독립운동
독도는 우리땅입니다.

생각이 쑥쑥! 나도 역사가 36

누가 죄인인가 | 국채 보상 운동
3·1 독립 선언서와 3·1운동
대한민국 임시 정부(1919년) | 나라 밖 독립운동
독립군 전투 | 한국광복군 창설(1940년)
빙고 놀이를 해 보아요 | 민족혼을 지킨 애국자
일본의 전쟁 | 십자말 풀이 - 인물 알아보기
친일 재산 환수법 | 조선의 개항과 독립운동 정리하기

마음에 꼭꼭! 되돌아보기 50

역사적인 인물
역사적인 사건
역사 낱말 풀이!

"과거를 보는 새로운 관점이 미래를 보는 관점을 바꾼다."

- 시어도어 젤딘(Theodore Zeldin) -

학습 목표

1. 흥선 대원군의 개혁 정치와 쇄국 정책에 대해 알 수 있다.
2. 근대적 개혁 정책인 갑신정변, 갑오개혁에 대해 알 수 있다.
3. 개방과 함께 들어온 서양 문물들에 대해 알 수 있다.
4. 국권 피탈에 반대했던 운동들에 대해 알 수 있다.
5. 일제 강점기의 독립운동과 독립운동가에 대해 알 수 있다.

조선의 개항과 독립운동

길라잡이 책소개

〈리더를 위한 한국사 만화 5
– 한국 근대사〉

독립문

대한 독립 만세!! 만만세!!

"조선의 자주독립을 만천하에 알리고자 중국 사신을 맞던 영은문을 헐고 그 자리에 독립문을 세우노라!" 독립문은 프랑스의 개선문을 본뜬 조형물로서 갑오개혁 이후 조선의 자주독립을 천명하고자 독립 협회 주도하에 만들었습니다. 민족의 독립과 자유를 위해서는 어떤 간섭도 허용하지 않겠다는 의미를 담고 있습니다.

독립문에는 "독립문"이라는 글자와 태극 문양 그리고 조선 왕조의 상징인 오얏꽃무늬를 새겼습니다. 조선 후기에 독립은 어떤 의미였는지 우리 모두 그 시대로 가서 알아볼까요?

한눈에 쏙쏙! 시대 엿보기

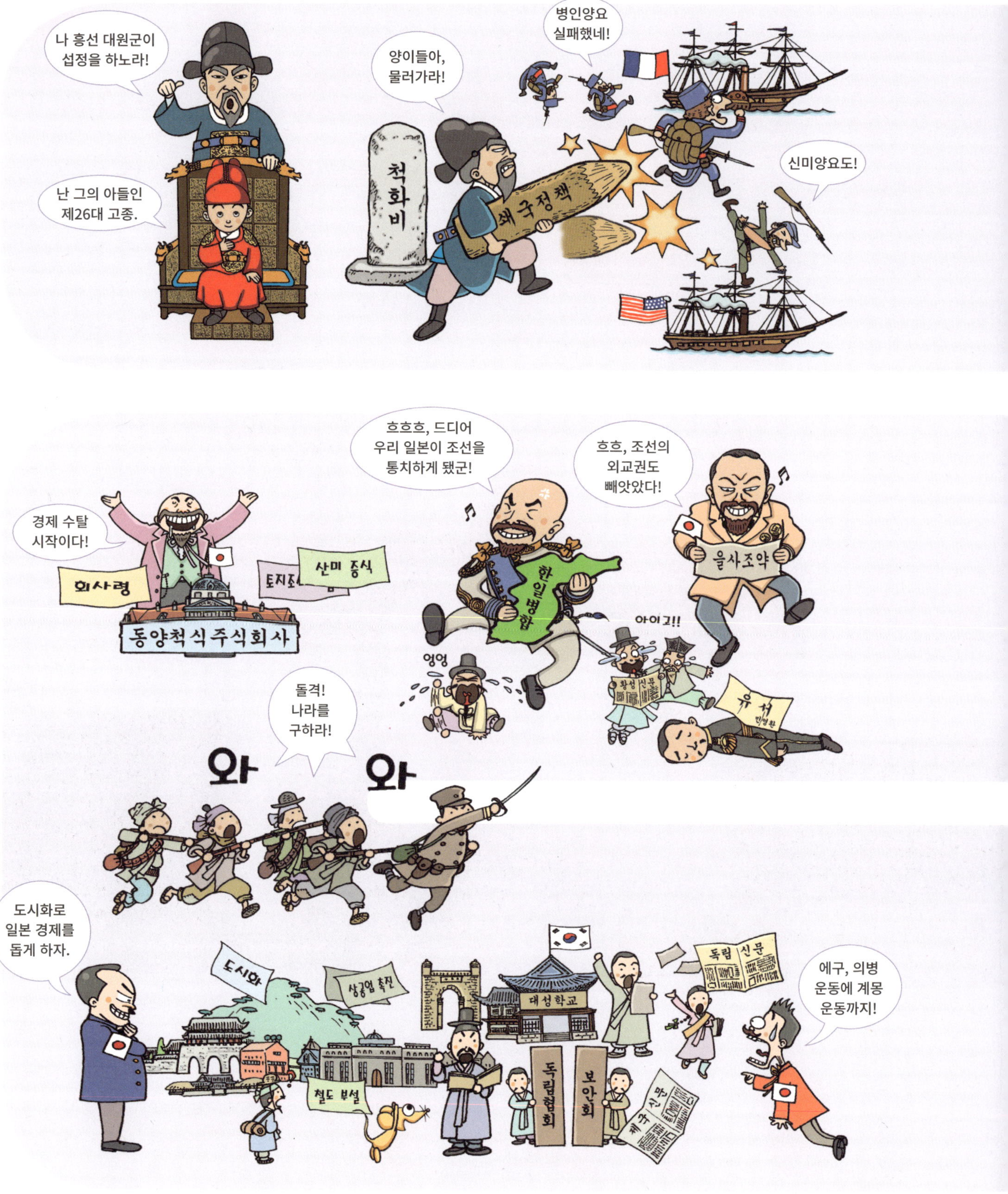

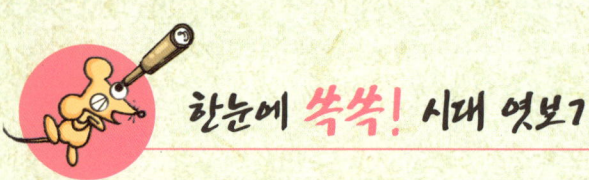

한눈에 쏙쏙! 시대 엿보기

조선의 개항부터 해방까지의 연표입니다. 빈칸에 알맞은 내용을 채워 넣으세요.

고종 즉위와 흥선 대원군 섭정 1863년 — **병인양요** — **신미양요** — **고종 친정** 1873년

 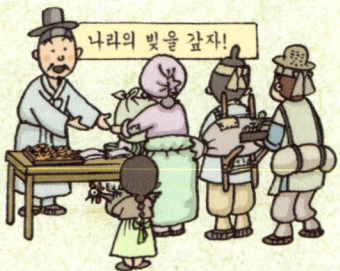  

안중근 의거 — **국채 보상 운동** 1907년 — ( ) 1905년 — **러일 전쟁**

국권 피탈 — **토지 조사 사업** 1912년 — ( ) **상해 임시 정부 수립** 1919년 — **청산리 전투**

머리에 쏙쏙! 역사 상식 1

서양 세력 확장
서양이 왜 동양으로 세력을 넓히려고 했는지 아래 글을 보고 그 이유를 찾아 써 보세요.

> 동양보다 먼저 산업 혁명을 통하여 근대 사회를 이룩한 서양은 자본주의가 발달하고 과학 문명이 발달하여 동양 세계로 진출하였어요. 식량과 원료 공급지를 확보하고 자신들의 상품을 팔거나 동양의 진기한 상품을 구하기 위한 것이었지만, 동양의 여러 나라에는 큰 위협이 되었지요. 또한 서양의 종교인 천주교(서학)를 동양에 전파하기 위해 먼 길을 온 선교사들도 있었대요.

이유

외규장각 의궤

1877년 프랑스군의 제독은 강화도를 점령한 후, 외규장각에 보관된 조선 왕실의 귀중품과 340책의 도서, 지도, 천체도, 대리석판, 갑옷과 투구 등을 가져갔습니다. 우리나라는 전란을 치르면서 많은 문화재를 빼앗겼습니다.

이런 문화재를 우리나라로 다시 되찾아 오기 위해서 우리가 할 수 있는 노력에는 무엇이 있을까요?

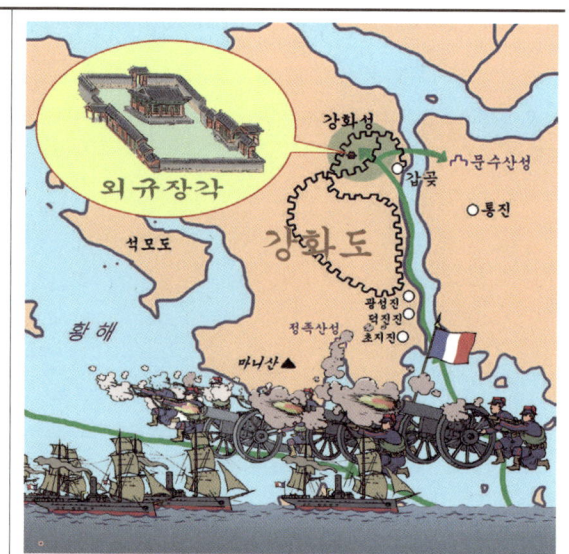

🌿 **쇄국 정책을 펼쳐라!** 고종을 대신하여 나라를 다스린 흥선 대원군의 개혁 정치와 관련된 내용이에요. 괄호 안에 알맞은 말을 써 넣고 대원군의 개혁 정치가 아닌 것은 바르게 고쳐 써 보세요.

- 당파와 가문에 관계 없이 **인재**를 뽑아라.
- **서원**을 더 지어 조상들께 제사를 잘 지내고 교육에 힘쓰라. 
- (①)를 없애고 **의정부**와 **삼군부**를 부활시켜라.
- 이제부터 (②)에게도 세금을 걷도록 하라.
- **사창제**를 실시하여 환곡제를 개혁하라.
- 서양 세력이 들어오는 것을 막아라.

① _____ ② _____

○ 잘못된 문장을 바르게 고쳐 쓴다면?

_____

_____

머리에 솔솔! 역사 상식 1

경복궁 중건 대원군은 왕실의 존엄성을 알리기 위해 경복궁을 중건했습니다. 그 과정을 [보기]에서 번호를 찾아 순서에 맞게 넣어 보세요.

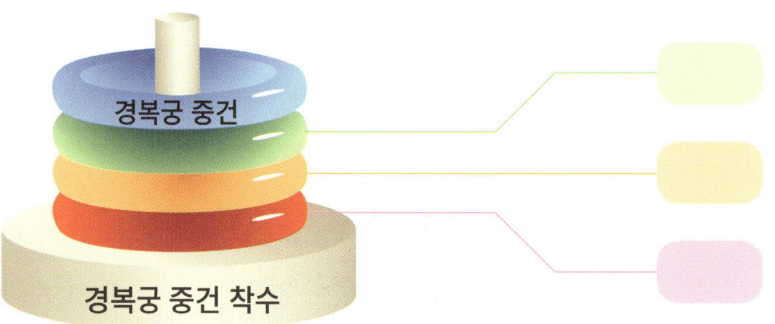

보기
① 점점 경비가 많이 들게 되자 원납전을 받고 벼슬을 팔고, 서울의 성문을 출입하는 데에도 세금을 내도록 하고, 당백전을 발행함.
② 양반, 귀족 및 일반 백성들에게 원망을 사게 됨.
③ 백성의 부역에 신중을 기하였고 일반 백성, 양반 및 왕족들에게 고루 원납전을 바치게 함.

TIP 원납전 경복궁 재건을 위해 강제로 징수한 기부금. 당백전 경복궁 재건으로 부족한 국가 세금을 위해 만든 화폐.

○ 다음은 남연군묘 도굴 사건의 내용입니다. 아래 물음에 답해 보세요.

1) 오페르트는 왜 남연군의 묘를 도굴하려고 했나요?

2) 흥선 대원군은 이 사건을 통해 어떤 생각을 했을까요?

개방의 요구 다음은 이양선(서양 국가의 배)이 조선에 들어와 통상을 요구했던 사건들이에요. 맞는 것끼리 순서대로 연결해 보세요.

병인양요(1866년)	신미양요(1871년)	운요호 사건(1875년)
조선이 일본의 개항 요구를 거절함.	천주교 탄압으로 프랑스 선교사가 처형됨.	미국 상선 제너럴셔먼호가 평양에서 불에 탐.
미국 함대가 강화도 덕진진, 초지진을 점령함.	프랑스 함대가 강화도를 점령함.	영종도에 상륙함.
양헌수가 이끄는 부대가 문수산성과 정족산성에서 물리침.	주민들의 재산을 약탈함.	어재연 부대가 광성보에서 끝까지 싸움.
관아에 불을 지르고 금은괴와 서적을 약탈해 감.	통상을 거부하고 척화비를 세움.	일제와 불평등 조약(강화도 조약)을 맺음.

머리에 술술! 역사 상식 1

🌿 **내가 쓰는 척화비(척화비와 그 의미)** ( ) 안에 들어갈 단어를 아래 [보기]에서 찾아 쓰고 척화비나 개화비를 직접 써 보세요.

> 흥선 대원군은 쇄국 정책을 폈습니다. 쇄국 정책이란 외국인의 입국이나 무역을 통제하는 정책을 말합니다. 대원군은 천주교의 확산을 막기 위해 천주교도들을 사형시켰는데 이로 인해 병인양요가 일어났습니다. 그러나 병인양요에서 승리한 대원군은 서양의 문호 개방 요구에 맞서 전국에 척화비를 세우기로 하고 적극적인 (　　　　)을 펴게 됩니다. 척화비는 (　　　) 후에 세웠습니다.

| 보기 | 쇄국 정책 　　 개방 정책 　　 병인양요 　　 신미양요 |

척화비

서양 오랑캐가 침범하는데 싸우지 않는 것은 화해하는 것이요, 화해를 주장하는 것은 곧 나라를 팔아먹는 짓이다. 자손들에게 경계하기 위해 병인년에 만들어 신미년에 세운다.

내가 쓰는 척화비나 개화비

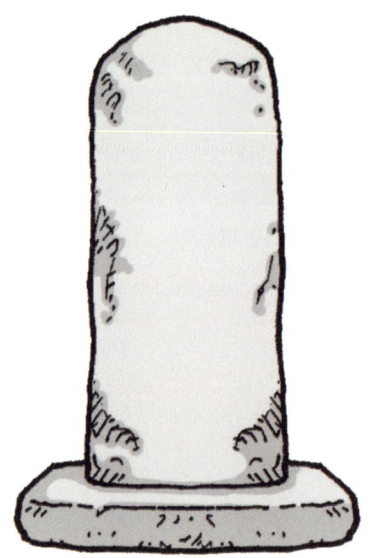

이유

....

....

....

강화도 조약을 맺다 조선이 개화를 위해 일제와 맺은 강화도 조약의 일부입니다. 이 조약이 평등했다면 어땠을까요? 평등한 조약으로 바꾸고 물음에 답해 보세요.

조약 내용

제3조
두 나라 사이에 오고가는 공문을 일본은 일본어로 쓰되 지금부터 10년 동안은 따로 한문으로 번역한 것 한 부를 첨부하고 조선은 한문으로 쓴다.

제4조
조선은 두 곳의 항구를 개항하여 일본국 백성들이 오가면서 통상하게 하며 해당 지방에서 세를 내고 이용하는 땅에 집을 짓거나 혹은 임시로 거주하는 사람들의 집을 짓는 것은 각기 편리대로 한다.

제10조
일본인들이 조선국이 지정한 항구에서 죄를 저질렀을 경우 조선국 사람과 관계되면 모두 일본국에 돌려보내어 조사 판결하게 한다.

평등한 조약

① 강화도 조약이 불평등 조약인 이유는 무엇인가요?

② 조선이 일제와 불평등 조약을 맺을 수밖에 없었던 이유는 무엇일까요?

머리에 술술! 역사 상식 2

변화의 요구와 개혁 : 임오군란 구식 군대가 반란을 일으킨 임오군란(1882년)의 내용입니다. ( ) 안에 알맞은 내용을 쓰고 빈 곳에는 어울리는 만화를 그려 보세요.

1. 신식 무기로 훈련하는 별기군

2. 별기군에게는 충분한 급료와 식사, 숙소가 제공됨.

3. 구식 군대는 허름한 군복, 구식 무기, 급료도 제때 받지 못함.

4. 13개월 만에 급료를 받았으나 쌀과 모래가 섞여 있음.

5. 군인들이 포도청과 의금부를 습격해 무기를 빼앗아 (　　　　)을/를 공격하고 일본 순사들을 살해함.

6. 군인들은 민비(후일의 명성 황후)를 배후로 보고 제거하려 함. 민비는 궁녀로 위장하여 피신함.

7. 민비가 피난한 후에 (　　　　)이/가 다시 정권을 잡고 별기군을 없앰.

8. 그러나 민비의 부탁으로 (　　　　)가/이 난을 진압하고 다시 민씨 일가가 권력을 잡음.

변화의 요구와 개혁 : 갑신정변
김옥균, 박영효 등 개화파들이 갑신정변(1884년)을 일으켰습니다. 출발부터 도착까지의 사건들을 순서대로 연결해 보세요.

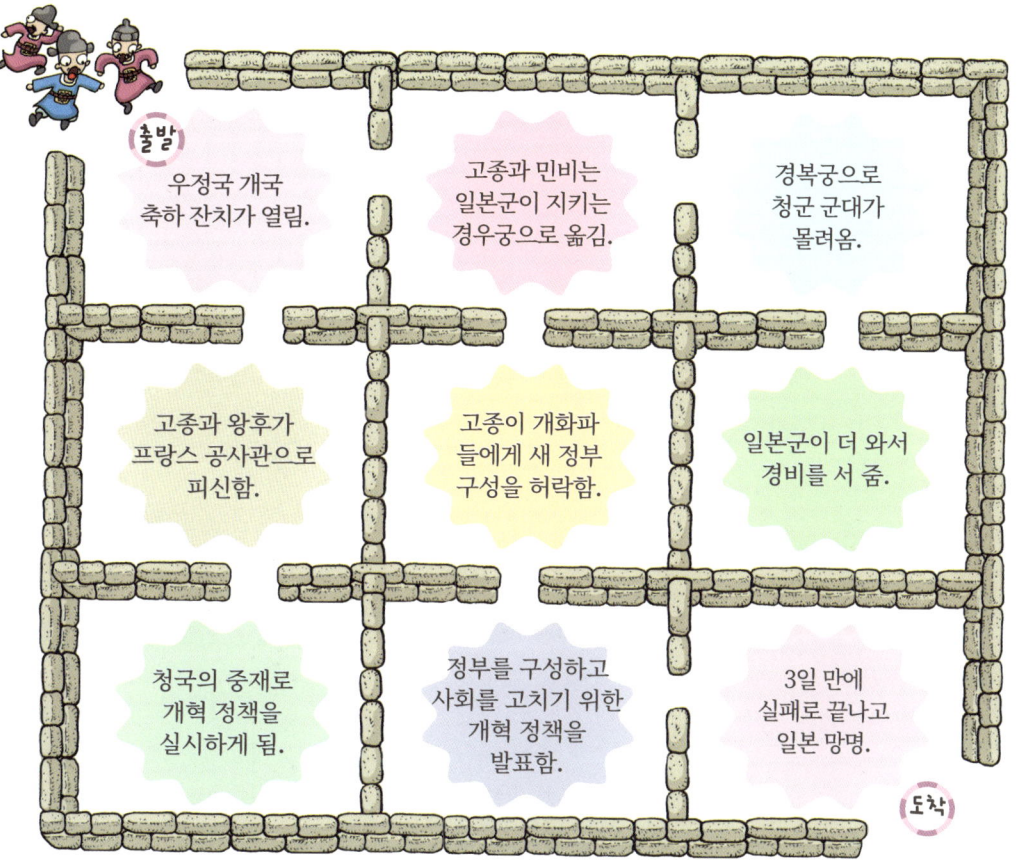

- 출발: 우정국 개국 축하 잔치가 열림.
- 고종과 민비는 일본군이 지키는 경우궁으로 옮김.
- 경복궁으로 청군 군대가 몰려옴.
- 고종과 왕후가 프랑스 공사관으로 피신함.
- 고종이 개화파들에게 새 정부 구성을 허락함.
- 일본군이 더 와서 경비를 서 줌.
- 청국의 중재로 개혁 정책을 실시하게 됨.
- 정부를 구성하고 사회를 고치기 위한 개혁 정책을 발표함.
- 3일 만에 실패로 끝나고 일본 망명.
- 도착

개혁의 핵심

갑신정변(1884년)을 일으킨 개화파의 개혁 정책 중 일부입니다. 개화파의 개화 정책에 담긴 의미를 한 문장으로 써 보세요.

우정총국 | 서울 종로구 견지동 소재

- 대원군을 조속히 귀국시키고 청에 대한 조공 허례를 폐지할 것.
- 문벌을 폐지하고 백성의 평등권을 제정하여 재능에 따라 인재를 등용할 것.
- 전후 간사한 관리와 탐관오리를 처벌할 것.
- 시급히 순사를 설치하여 도적을 방지할 것.

의미

머리에 술술! 역사 상식 2

동학 농민 운동 - 1894년 (지도 읽기)

지도 읽기 농민들을 괴롭히는 탐관오리들과 일본 때문에 동학은 농민 중심으로 바뀌어 갔습니다. 특히 곡창 지대인 전라도 지방에서 수탈이 더욱 심하여 전봉준을 비롯한 농민들을 백성을 구하기 위해 2차에 걸쳐 봉기하였습니다. 다음 빈칸에 알맞은 번호를 찾아 써 보세요.

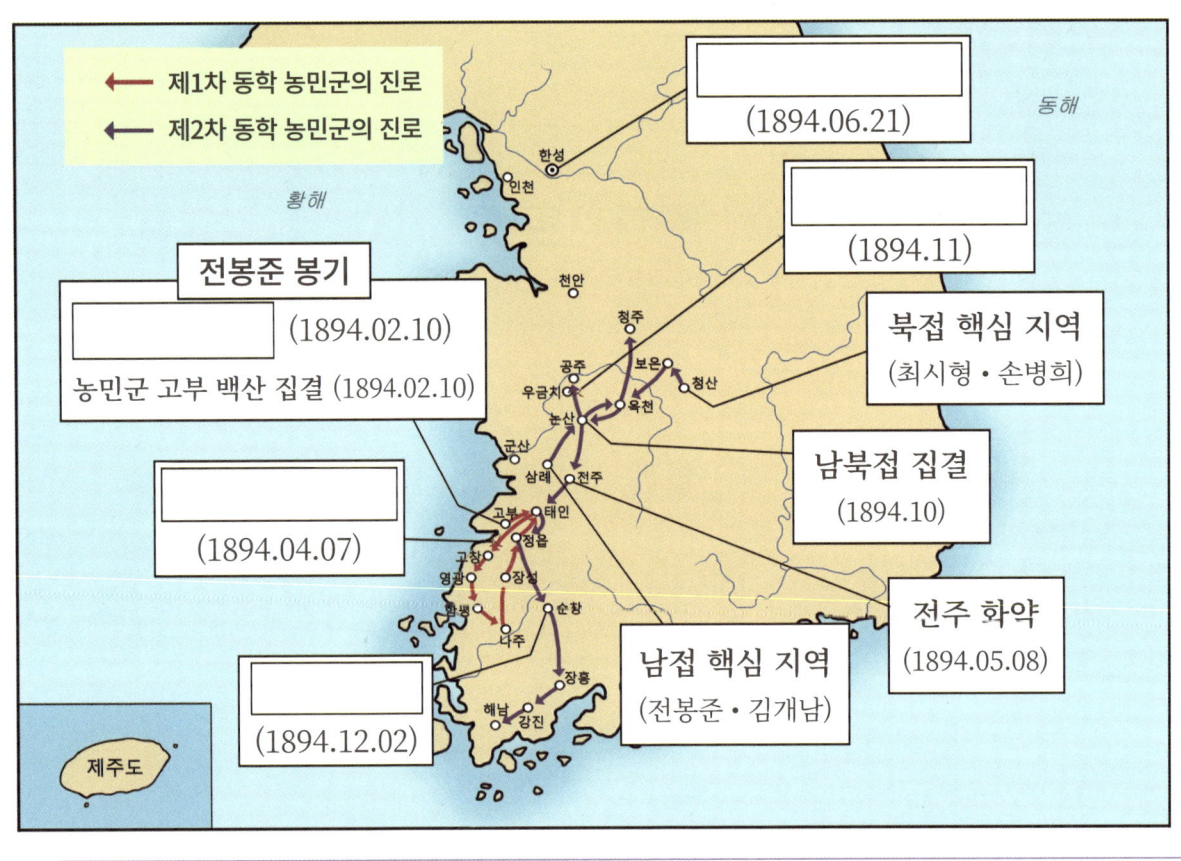

보기
① 고부 관아 습격 ② 우금치 전투 패전 ③ 황토현 전투 승리
④ 일본군 궁성 침범 ⑤ 전봉준 체포

1차 봉기 이유

2차 봉기 이유

탐관오리 조병갑과 녹두 장군 전봉준 '조병갑'의 인물 알아내기 퀴즈를 참고하여 동학 농민 운동(1894년)을 이끈 '전봉준' 인물 알아내기 퀴즈를 만들어 보세요.

조병갑

① 나는 조선 시대 군수입니다.
② 농민들을 강제로 동원해 만석보(저수지)를 쌓았습니다.
③ 물세를 물리지 않겠다는 약속을 어기고 걷게 하였습니다.
④ 부패한 탐관오리입니다.
⑤ 동학 농민 운동을 일어나게 한 사람입니다.

전봉준

 갑오개혁 김홍집이 실시했던 갑오개혁(1894년)의 내용입니다. 틀리게 말한 내용을 찾아 빈칸에 바르게 고쳐 보세요.

지방관 제도를 고쳐 지방 관리의 권한을 제한한다.

세금은 법으로 정하되 필요에 따라 조절하여 거둔다.

장교를 교육하고 징병 제도를 실시한다.

국왕은 정사를 각 대신에게 물어 처리한다.

자질이 있는 젊은이는 외국에 파견하여 기술을 익히게 한다.

머리에 술술! 역사 상식 2

 명성 황후 시해 사건(을미사변 : 1895년) 명성 황후 시해 이야기입니다. ▭ 안에 어울리는 낱말을 넣어 보세요.

청일 전쟁(1894년)에서 이긴 일본은 조선에서 세력을 더 강화하려고 하였습니다. 명성 황후는 러시아를 끌어들여 방패막이로 삼아 일본을 몰아내려는 계획을 세웠습니다.

그러자 일본의 ▭▭▭▭ 의 지시로 20여 명의 자객들이 경복궁에 침입하였습니다. 명성 황후는 결국 자객들의 칼에 참혹하게 베이고 말았습니다.

명성 황후가 암살을 당하자 놀란 고종은 러시아의 힘을 빌리기 위해 러시아 공사관으로 거처를 옮겼습니다. 이것을 ▭▭▭▭ 이라고 합니다.

 대한 제국 선포 (1897년) 다음 ▭▭▭ 에 어울리는 단어를 써 보세요.

고종은 대한 협회와 몇몇 대신들과 힘을 합쳐 새로운 국가의 모습을 보여 주기 위해 연호를 ▭▭▭▭ 로 고치고, ▭▭▭▭ 에서 대한 제국 수립을 선포하고 우리나라가 자주독립 국가임을 알렸습니다. 황제 즉위식에서 고종 황제가 어떤 말을 했을까요?

국권 피탈(경술국치) 대한 제국은 일제의 강압으로 여러 조약을 맺었습니다. 관련된 건물과 빼앗긴 권리를 맞게 짝지어 보세요.

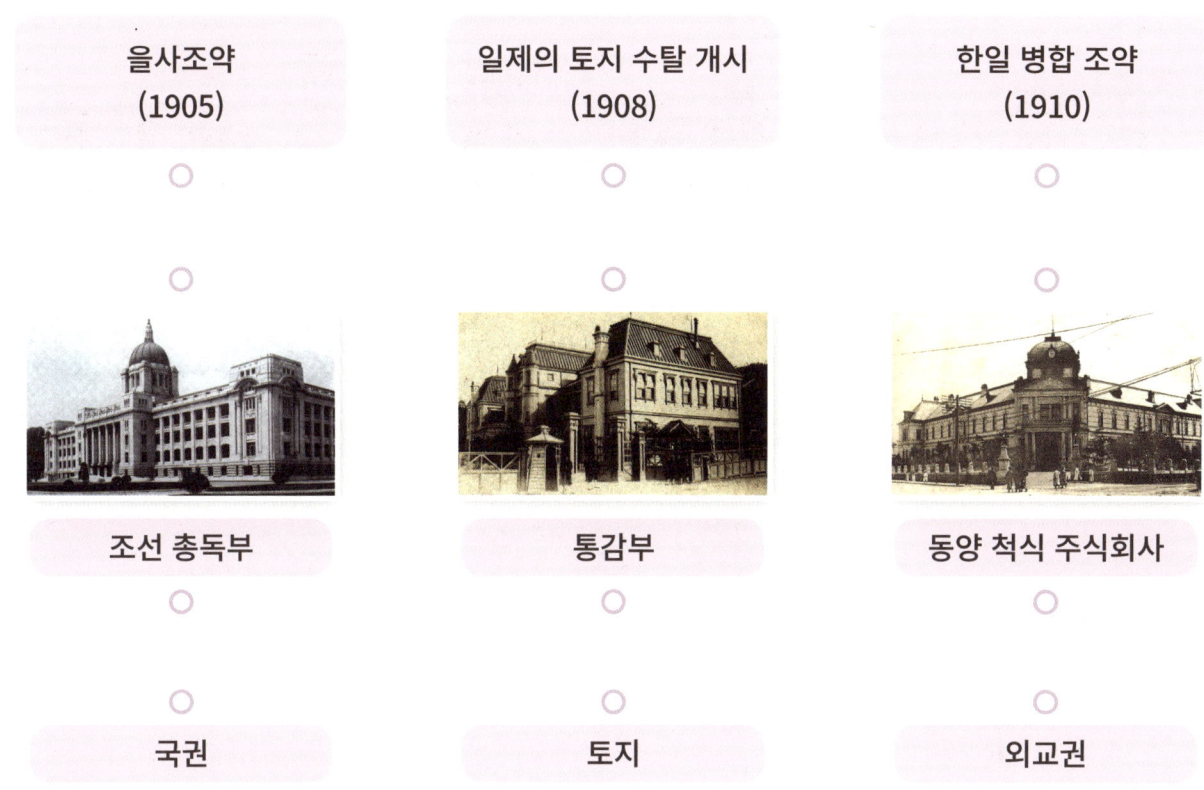

| 을사조약 (1905) | 일제의 토지 수탈 개시 (1908) | 한일 병합 조약 (1910) |

| 조선 총독부 | 통감부 | 동양 척식 주식회사 |

| 국권 | 토지 | 외교권 |

| TIP | **한일 신협약(1907)**
일본이 한국의 사법권, 경찰권 등 한국의 통치권에 관여한 조약.

○ 일제는 토지 조사를 실시하여 신고하지 않은 토지는 일본인에게 헐값으로 팔고, 일본인들이 대한 제국에서 자유롭게 경제 활동을 하도록 해 주었습니다. 이렇게 한 이유는 무엇일까요?

5. 조선의 개항과 독립운동 | 25

머리에 술술! 역사 상식 2

 을사조약(을사늑약 : 1905년) 고종과 우리 민족은 을사조약에 반대하는 운동을 하였습니다. 맞는 것끼리 짝지어 보세요.

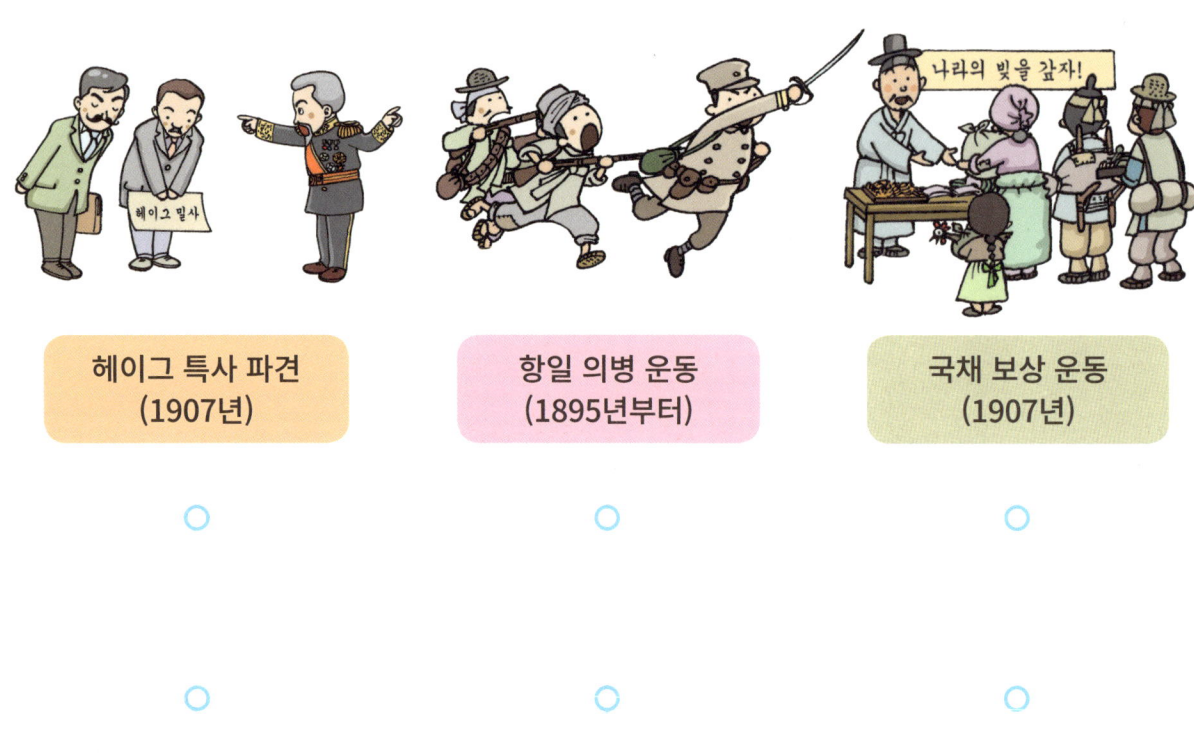

| 헤이그 특사 파견 (1907년) | 항일 의병 운동 (1895년부터) | 국채 보상 운동 (1907년) |

일본이 조선 정부에 강제로 빌려 준 외채를 갚기 위해 국민들이 돈과 패물을 모아 나랏빚을 갚자는 운동.

만국 평화 회의에 이준, 이상설, 이위종을 특사로 보내 을사조약이 무효라는 사실을 알리려 함.

일본의 강제 합병에 대항하여 우리 민족이 군대를 일으켜 싸운 운동.

TIP **일본과 맺은 불평등 조약들**
① 운요호 사건을 계기로 맺은 강화도 조약(1876년). ② 임오군란 피해 보상을 위한 제물포 조약(1882년). ③ 일본의 전쟁에 이용하기 위한 한일 의정서(1904년), 대한 제국에 재정, 외교 고문을 배치한 제2차 한일 협약(을사조약 : 1905년). ④ 헤이그 특사 파견으로 인한 고종 폐위 및 법 제정권, 관리 임명권, 행정권 및 일본 관리의 임명에 관한 정미 7조약(한일 신협약 : 1907년). ⑤ 일제와의 합병을 알리는 한일 병합 조약(경술국치 조약 : 1910년).

🌿 **근대 교육과 근대화** 조선 시대와 대한 제국 시기의 교육에 대한 비교입니다. 맞는 내용을 써 보세요.

	조선 시대	대한 제국 시대
다니는 학생	양반	
배우는 과목	유교 경전	
수업 받는 모습		책상에 앉아서 수업
운영 방법		학기제 운영
선생님	학식 있는 양반	

○ 근대에 들어선 신식 학교들입니다. 누가 세웠는지 보기에서 맞는 것을 골라 써 보세요.

보기   원산 학사   육영 공원   오산 학교   대성 학교   배재 학당   이화 학당

나라에서 세운 학교

애국지사가 세운 민족 사립 학교

외국인 선교사가 세운 학교

○ 대한 제국 시기에도 체육을 중요하게 여겼답니다. 운동회 때 했던 종목들에 ○표 해 보세요.

달리기   훌라후프 돌리기   이어달리기   공 던지기   투호
깃발 뺏기   행진   연합 체조   제기 차기   박 터트리기

머리에 쏙쏙! 역사 상식 2

달라진 생활 모습 우리나라는 외국의 여러 나라들과 교류하면서 생활 모습이 점점 변화하였습니다. 사진을 보고 달라진 생활 모습에 어떤 것이 있는지 써 보세요.

의생활

식생활

주생활

3차시

🌿 **나도 독립신문 기자** 서재필은 국민의 애국심과 자주정신을 일깨우기 위해 독립신문을 창간하였습니다. 원문 기사를 참고하여 기자가 되어 독립의 의지를 다질 수 있는 기사를 써 보세요.(원문 기사의 핵심만 옮겨 적어도 됩니다.)

제 1 호	독 립 신 문	발행일 : 발행인 :

원문 기사

아메리가 합즁국 남쪽에 잇는 규바라 ᄒᆞ는 섬은 셔바라 속국인디 거긔 빅셩들이 자쥬 독닙 ᄒᆞ랴고 니러나셔 셔바나 관병 ᄒᆞ고 싸홈 시작ᄒᆞ지 발셔 일년이 너머는디 합즁국 정부에셔 규바를 독닙국으로 디졉ᄒᆞ쟈 ᄒᆞ는 말이 만히 잇는디 근일에 합즁국 의회원에셔 규바 인병을 셔반아 역적으로 아니 디졉ᄒᆞ고 의병으로 알아쥬쟈는 의논이 잇셔든이 셔바나 신문지들이 합즁국을 디단이 험담ᄒᆞ고 셔바나 인민이 미국 사름들을 디ᄒᆞ야 실녜 ᄒᆞ는지 만이 잇는고로 셔바나 정부에셔 별노이 조쇽ᄒᆞ고 셔바나에 잇는 미국인민을 보호ᄒᆞᆫ다더라 이급 일 ᄭᅡ듥에 영국 ᄒᆞ고 불난셔 ᄒᆞ고 디단이 시비가 잇슬 모양인디 영국 군ᄉᆞ가 동골아라 ᄒᆞᄂᆞᆫ디로 군ᄉᆞ를 근일에 보낸 ᄭᅡ듥에 불난셔 인민이 디단이 조아 아니ᄒᆞ고 엇더ᄒᆞ면 영불간에 싸홈 되기가 쉽다더라 이탈니 군ᄉᆞ는 이비신니아 군ᄉᆞᄒᆞ고 아프리가에셔 싸홈 ᄒᆞ다가 대패 ᄒᆞ엿는디 이비신니아 사름들은 불난셔에셔 속으로 도아준다더라.

1896.4.7

내가 쓰는 기사

TIP 독립신문 4면 가운데 3면은 한글 전용이고, 마지막 1면은 영문판 "The Independent"로 편집한 신문이다. 일제의 간섭으로 정부가 매입하여 1899년 12월 4일자로 폐간하였다. 19세기 말 조선의 발전과 민중의 계몽에 지대한 역할을 수행한 기념비적인 신문이다.

재미가 솔솔! 역사 속으로

도시화와 근대화 일제가 도시에 세웠던 것들에 ○표 해 보세요.

항구 　　　공장 　　　농촌

일본군 부대 　　　큰 도로 　　　산촌

○ 일본은 왜 도시에 이런 것을 세웠을까요?

○ 다음은 친일파 한국인과 가난한 백성의 생활 일기입니다. 두 일기를 통해 양쪽 생활의 차이점을 찾아보세요.

1900년 0월 0일

　아이들은 서양식 학교에 교복을 입고 등교했다. 첫째는 배가 아파 병원에서 진료를 받았다. 나는 상가에서 아이에게 맛있는 과자를 사 주었다. 그 후 영화관에 들러 영화를 보고 백화점에서 필요한 찻잔을 샀다. 오후에는 친구와 호텔에서 차 한 잔을 마시고 집으로 돌아와 샤워하고 잠자리에 들었다.

1900년 0월 0일

　오늘 아침도 여전히 배가 고프다. 도시에 살다가 변두리로 쫓겨나 이 토막집에 살게 되고 그동안 일하던 공장에서도 지각하였다고 쫓겨났다. 일자리를 구할 수 없어 날품도 팔았지만 그마저도 힘이 없어서 일을 주는 사람이 없다. 안되겠다. 내일부터는 아이들과 함께 구걸이라도 해야겠다.

○ 대한 제국에는 다양한 근대 시설들이 들어섰습니다. 사다리 타기로 만들고 [보기]에서 답을 골라 써 보세요.

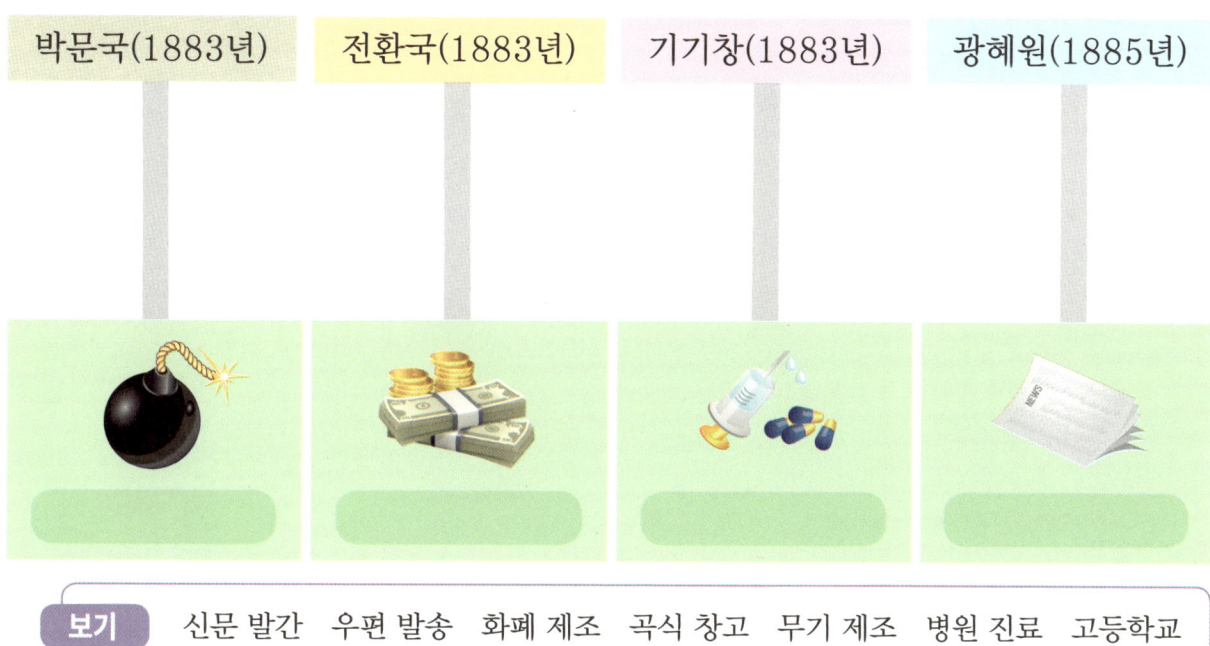

| 박문국(1883년) | 전환국(1883년) | 기기창(1883년) | 광혜원(1885년) |

보기 신문 발간 우편 발송 화폐 제조 곡식 창고 무기 제조 병원 진료 고등학교

○ 대한 제국은 다양한 서양의 과학 기술을 받아들였습니다. 초성을 보고 알맞은 낱말을 만들어 보세요.

ㅈㄱ 1887년 고종이 미국의 에디슨 회사에 공사를 맡겨 건천궁 앞의 향원정 물을 끌어들여 발전소를 지었습니다. 일본과 중국보다 2년이나 빨랐다고 합니다.

ㅈㅊ 1899년 서대문에서 종로, 동대문을 거쳐 청량리까지 경성 전기 주식회사가 처음으로 놓았습니다. 전기를 이용해 달립니다. 당시에 신기해서 하루 종일 타는 사람도 있었습니다.

ㅈㅎ 1896년 경복궁에 처음 설치되었어요. 신하들이 황제와 통화할 때에는 큰절을 세 번 올린 후 무릎 꿇고 통화했습니다.

ㄱㅊ 1899년 노량진과 제물포 사이에 개통된 것이 최초입니다. 이후로 경부선, 경의선, 경원선이 완성되었습니다. 사람들은 이것을 '쇠수레'라 불렀습니다.

재미가 솔솔! 역사 속으로

전화를 사랑한 고종, 백범 김구를 살리다!

우리나라 최초의 시외 전화에 얽힌 이야기입니다. 김창수라는 청년이 황해도 한 여관에서 조선인으로 변장한 일본 장교를 때려죽여 인천 감옥에서 사형 선고를 받고 형 집행을 기다리고 있었습니다. 사형 집행을 하루 앞둔 날 저녁 그의 행동이 국모의 원수를 갚기 위한 행동이라는 것을 알게 된 승정원의 승지가 이 사실을 고종에게 알렸고, 긴급 어전 회의를 열어 청년의 사형을 중지하기로 결정하였습니다. 그러나 그 당시에는 인천 감옥에 사형 중지 명령을 알리려면 하루 이상의 시간이 걸렸습니다. 고종은 전화로 사형을 중지시켰습니다. 인천에 전화가 개통된 지(1902년) 3일째 되던 날 일이었습니다. 그 사형수가 바로 훗날 자신의 이름을 '김구'로 개명한 '백범 김구'입니다.

○ 다음은 고종이 감리에게 사형 중지 명령을 내리는 장면입니다. 그 당시 상황에 어울리게 문장을 써 보세요.

감리,

네, 전하.

헤이그에 특사단을 파견하다! 헤이그 특사단(이준·이상설·이위종)은 국제 협회에서 연설을 했습니다(1907년). 여러분이 을사조약(1905년)의 부당함을 알리고 나라를 되찾기 위해 기자 회견을 한다면 어떻게 말할까요? 그 내용을 써 보세요.

원래 연설 내용

일본은 대한 제국 황제 폐하의 승인 없이 행동했고 무력을 이용하여 황제와 대신들을 강압하였습니다. 또한 대한 제국의 모든 법률과 관습을 무시하고 행동했습니다. 그러므로 을사 보호 조약은 불법이고 무효입니다.

독립 국가인 대한 제국이 각국과의 우호 관계가 일본에 의하여 파괴되고, 동아시아의 평화가 끊임없이 위협되는 것을 이대로 방치할 것입니까? 왜 열강들에게 대한 제국이 희생되어야 합니까? 대한 제국이 약자이기 때문입니까?

대한 제국의 대표인 나 이위종은 법의 신, 정의의 신, 평화의 신을 찾아 헤이그에 왔는데, 전 세계의 평화와 정의를 위해 조약을 체결하고자 하는 이곳에서 세계의 대표들은 무엇을 하고 있는 것입니까?

왜 대한 제국을 평화 회의에서 제외시키는 것입니까? 조약이란 위반하기 위해 있는 것입니까?

내가 쓰는 연설

재미가 솔솔! 역사 속으로

🌿 **나라 안 독립운동** 일제 강점기에 활동했던 의병장입니다. 내용을 보고 누구인지 알아보세요.

강제 단발령에 반발하여 상소문을 올렸으며, 을사조약이 체결되자 정읍에서 의병을 일으켜 관군, 일본군에 대항하여 싸웠다. 후에 대마도에 유배되어 사망하였다.

평민 출신의 의병장으로 영덕에서 의병을 일으켜 강원도와 경상북도의 태백산 등지에서 싸워 '태백산 호랑이'라 불렸다. 후에 현상금을 노린 자에게 암살되었다.

○ 일제 강점기에 계몽 운동을 한 사람입니다. 단계별 힌트를 하나씩 보면서 누구인지 알아보세요.

1단계 독립운동가, 교육자, 정치가	**1단계** 경영가, 교육자
2단계 임시 정부에 참여함	**2단계** 신민회에 참여함
3단계 신민회를 조직함	**3단계** 독립운동 대표로 참여함
4단계 평양에 대성 학교를 세움	**4단계** 정주에 오산 학교를 세움

독도는 우리 땅입니다 다음은 독도가 우리 땅인 이유들입니다. 맞는 것과 틀린 것을 찾아보고, 빈칸에 독도가 우리 땅인 여러분만의 이유를 써 보세요.

무릉(울릉도)과 우산(독도) 두 섬은 서로 멀리 떨어져 있지 않아 날씨가 맑으면 바라볼 수 있다.
- 세종실록지리지(1454년)

무릉(울릉도)과 우산(독도)은 모두 우산국의 땅이며, 우산(독도)은 일본이 말하는 송도.
- 동국문헌비고, 여지고(1770년)

무릉(울릉도)과 우산(독도)은 강원도 울진현에 속한다.
- 세종실록지리지(1454년)

1693년 안용복이 1695년 12월 15일 돗토리번 조회를 통해 죽도(울릉도)와 송도(독도) 모두 돗토리번에 속하지 않는다는 답변을 얻어 일본인들의 울릉도 접근을 막음.
- 돗토리번 답변서

독도를 일본의 영토로 편입한다.
- 시네마현 고시 제 40호(1905년)

5. 조선의 개항과 독립운동 | 35

생각이 쑥쑥! 나도 역사가

 누가 죄인인가? 다음은 안중근이 재판정에서 말한 이토 히로부미를 살해한 이유입니다. 여러분이 생각하는 이토 히로부미의 죄목을 추가해 보세요.

- 조선의 토지와 광산과 산림을 빼앗은 죄
- 제일 은행권 화폐를 강제로 사용케 한 죄
- 보호를 핑계로 대한의 군대를 강제 무장 해제 시킨 죄
- 교과서를 빼앗아 불태우고 교육을 방해한 죄
- 한국인의 외교권을 빼앗고 유학을 금지한 죄
- 신문사를 강제로 철폐하고 언론을 장악한 죄
- 대한의 사법권을 동의 없이 강제로 장악 유린한 죄
- 정권을 폭력으로 찬탈하고 대한의 독립을 파괴한 죄
- 대한 제국이 일본인의 보호를 받고자 원한다며 세계에 뻔뻔스런 거짓말을 퍼트리며 세계인을 농락한 죄
- 현재 대한이 태평 무사한 것처럼 천황을 속이고 밖으로는 세계 사람들을 모두 속인 죄
- 동양의 평화를 철저히 파괴한 천인공노의 죄

○ 다음은 18살의 꽃다운 나이에 나라를 위해 목숨을 바쳤던 "유관순"의 노래입니다. 2절의 ☐☐☐ 부분을 다른 독립운동가와 관련된 내용으로 바꾸어 써 보세요.

1. 삼월하늘 가만히 우러러보며
2. 삼월하늘 가만히 우러러보며

유관순 - 누나를생 - 각합니다.

옥속에 갇혀서도 만세부르다

푸른하늘 그리 - 다 숨이 - 졌대요
푸른하늘 우러 - 러 불러 - 봅니다

○ 이 그림은 일제 강점기에 있었던 물산 장려 운동(국산품 애용 운동) 광고입니다. 당시 조선 기업 중에는 "유성기 음반"이란 회사가 있었습니다. 국산 음반 애용 광고를 만들어 보세요.

생각이 쑥쑥! 나도 역사가

국채 보상 운동(1907년)

다음 그림은 일본에서 도입한 차관을 갚기 위해 국민의 자발적이고 전국적인 호응으로 전국 각지에서 국채 보상 운동 단체를 설립하고, 신문을 통해 캠페인을 벌이면서 각계각층에서 벌였던 보상 활동입니다. 여러분이 그 시대의 백성이었다고 생각하고 일본에서 빌린 차관을 갚기 위한 다른 방법을 생각하여 써 보세요.

3·1 독립 선언서와 3·1운동

1919년 3월 1일 "3·1 독립 선언서"의 일부입니다. ( ) 안에 들어갈 단어를 아래 [보기]에서 찾아 넣어 보세요.

> 우리는 이에 조선이 (　　　)임과 조선인이 (　　　)임을 선언한다. 이 선언을 세계 온 나라에 알리어 (　　　)의 크고 바른 도리를 분명히 하며, 이것을 후손들에게 깨우쳐 우리 민족이 자기의 힘으로 살아가는 (　　　)를 길이 지녀 누리게 하려는 것이다.

보기　① 독립국　② 자주민　③ 자유민　④ 인류 평등　⑤ 정당한 권리　⑥ 세계 평화

○ 일제 강점기에 국내에서 일어났던 독립운동입니다. 알맞은 원인과 내용을 찾아 짝지어 보세요.

1926. 6. 10 순종의 장례식

●

●

3·1 운동

●

33인 대표가 "3·1 독립 선언서"를 낭독하고 탑골 공원에서 학생 천여 명이 만세를 부르고 시민들도 참여함.

1919. 3. 3 고종의 장례식

●

●

6·10 만세 운동

●

"일본 제국주의 타도", "토지는 농민에게", "우리 교육은 우리들 손에" 등의 내용으로 약 2만 4천 명이 만세 운동함.

 생각이 쑥쑥! 나도 역사가

 대한민국 임시 정부(1919년) 3.1 독립 선언에 기초하여 일본 제국의 대한 제국 침탈과 식민 통치를 부인하고 한반도 내외의 항일 독립운동을 주도하기 위해 국내외 인사들이 1919년 4월 11일 중화민국 상하이에 모여 대한민국의 망명 정부를 설립하였습니다. 다음은 대한민국 임시 헌법과 현재 대한민국 헌법입니다. 대한민국 임시 헌법을 제정하는 그 시대 상황에 알맞게 임시 헌법 내용을 추가하여 보세요.

대한민국 임시 헌법	대한민국 헌법
제1조 대한민국은 민주 공화제로 한다. 제2조 대한민국은 임시 정부가 임시 의정원의 결의에 의하여 통치한다. 제3조 대한민국의 인민은 남녀, 귀천 및 빈부의 계급이 없고 일체 평등하다. 제4조 대한민국의 인민은 종교, 언론, 저작, 출판, 결사, 집회, 통신, 주소 이전, 신체 및 소유의 자유를 가진다	• 제1조 제1항 대한민국은 민주 공화국이다. 　　　　제2항 대한민국의 주권은 국민에게 있고, 모든 권력은 국민으로부터 나온다. • 제2조 제1항 대한민국의 국민이 되는 요건은 법률로 정한다. 　　　　제2항 국가는 법률이 정하는 바에 의하여 재외 국민을 보호할 의무를 진다. • 제3조 대한민국의 영토는 한반도와 그 부속 도서로 한다. • 제4조 대한민국은 통일을 지향하며, 자유 민주적 기본 질서에 입각한 평화적 통일 정책을 수립하고 이를 추진한다. • 제41조 국회는 국민의 보통·평등·직접·비밀 선거에 의하여 선출된 국회의원으로 구성한다. • 제66조 ① 대통령은 국가의 원수이며, 외국에 대하여 국가를 대표한다. 　　　　② 대통령은 국가의 독립·영토의 보전·국가의 계속성과 헌법을 수호할 책무를 진다. 　　　　③ 대통령은 조국의 평화적 통일을 위한 성실한 의무를 진다. • 제88조 ① 국무 회의는 정부의 권한에 속하는 중요한 정책을 심의한다. 　　　　② 국무 회의는 대통령·국무총리와 15인 이상 30인 이하의 국무 위원으로 구성한다. • 제101조 ① 사법권은 법관으로 구성된 법원에 속한다. 　　　　② 법원은 최고 법원인 대법원과 각급 법원으로 조직된다. 　　　　③ 법관의 자격은 법률로 정한다.

5차시

 나라 밖 독립운동 지도의 빨간 점은 중국의 상해(상하이)입니다. 왜 이곳에 임시 정부를 세웠을지 다음 낱말을 넣어 글로 써 봅시다.

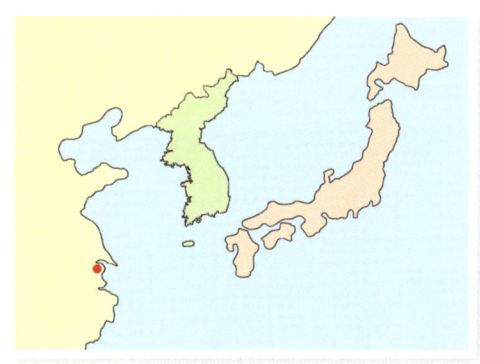

> 힌트 ▶ 교통, 지원, 외국, 거리

○ 우리나라의 독립을 위해 애쓴 독립운동가들입니다. 이들이 한 일에 맞게 연결해 보세요.

안중근 의사

이봉창 의사

윤봉길 의사

1932년 일본 도쿄에서 히로히토(일왕)를 폭탄으로 저격하였으나 폭탄이 불발되어 실패함.

1909년 중국 하얼빈 역에서 1대 조선 통감부 통감인 이토 히로부미를 저격하여 사살함.

1932년 중국 홍커우 공원에서 일왕의 생일연과 전승 행사 기념식에서 물통과 도시락 폭탄으로 저격함.

○ 다음은 김구의 <백범일지>의 한 부분입니다. 김구의 소원은 "우리나라 대한의 완전한 자주 독립"이었습니다. 김구가 되어 소원을 써 보세요.

> 그 다음 소원이 무엇이냐 하는 세 번째 물음에도, 나는 더욱 소리를 높여서,
> "나의 소원은 (　　　　　　　　　　)이오."
> 하고 대답할 것이다.
> － <백범일지>

생각이 쑥쑥! 나도 역사가

독립군 전투 무장 독립운동 중 큰 승리를 거두었던 전투들을 나타낸 지도입니다. ☐ 안에 알맞은 전투 이름과 전투에서 승리한 장군 이름을 써 보세요.

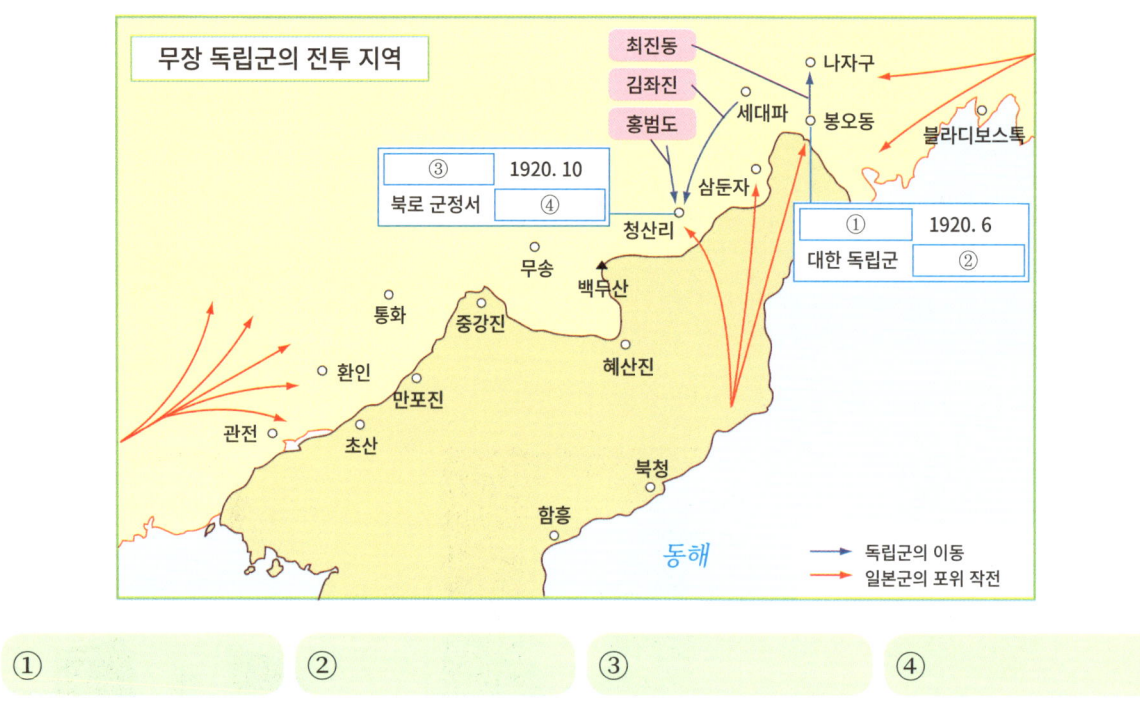

① _____ ② _____ ③ _____ ④ _____

창씨개명과 신사 참배 다음은 창씨개명으로 지은 4행시입니다. 예시를 참고하여 신사 참배로 4행시를 지어 보세요.

창	창씨개명을 하라고? 일본식 성
씨	씨로 바꿔 쓰라고 강요하다니 우리가
개	개의 자식도 아니고 어찌 일본 성씨를 쓴단 말이냐? 조선 총독부의
명	명령을 따를 수 없다!

신 _____
사 _____
참 _____
배 _____

한국광복군 창설(1940년)

안에 들어갈 단어를 아래 [보기]에서 찾아 넣어 보세요.

> 대한민국 임시 정부는 독립 전쟁을 벌이는 독립군을 바탕으로 한국광복군을 조직하였습니다. 1941년 12월 태평양 전쟁이 일어나자 임시 정부는 _____에 선전 포고를 하고, 중국 각지에서 중국군과 협력하여 _____과 싸웠으며, 멀리 _____ 전선까지 나아가 영국군과 함께 대일 전쟁에 참여하였습니다. 한국광복군은 OSS의 특별 훈련을 받으며 국내 상륙 작전을 준비하였으나, 일본의 항복으로 인해 작전을 실행하지는 못하였습니다.

보기   미얀마   일본   일본군   인도   미국   러시아

위안부

제2차 세계 대전 동안 여성들은 일본군의 성적 욕구를 해소하기 위한 목적으로 납치, 매수 등 다양한 방법으로 일본군의 성노예가 되었습니다. 여성에 대한 이러한 폭력은 유엔이나 국제기구 등에서 반인륜적 범죄로 규정하여 지금도 여러 단체들이 위안부 문제 해결을 위해 다양한 지원 활동을 하고 있습니다. 일본 총리에게 보내는 편지를 써 보세요.

생각이 쑥쑥! 나도 역사가

 빙고 놀이를 해 보아요 친일파와 애국지사들의 이름으로 빙고 게임을 해 봅시다.

> **TIP** 게임방법
> ① 친일파·애국지사의 이름을 빙고판 한 칸에 하나씩 씁니다.
> ② 빙고판이 완성되면 한 사람을 지적하여 자기가 작성한 종이 속에 적힌 낱말을 말합니다.
> ③ 친구가 말한 낱말에 진하게 X표를 합니다.
> ④ 가로나 세로 또는 대각선으로 세 칸을 이으면 '빙고'라고 외칩니다.
> ⑤ 처음 빙고를 외친 친구에게 그 인물들이 어떤 인물인지 설명하게 합니다.

친일파				애국지사			
박제순	이지용	이근택	이완용	김희영	이위종	김 구	이 준
권중현	송병준	이병무	고영희	안중근	김익상	안창호	서재필
조중응	이재곤	임선준	김덕기	김좌진	이상설	최익현	윤봉길
노덕술	김활란	이병도	박흥식	신돌석	홍범도	최진동	유관순
				김원봉	강우규	나석주	김상옥

친일파 빙고판

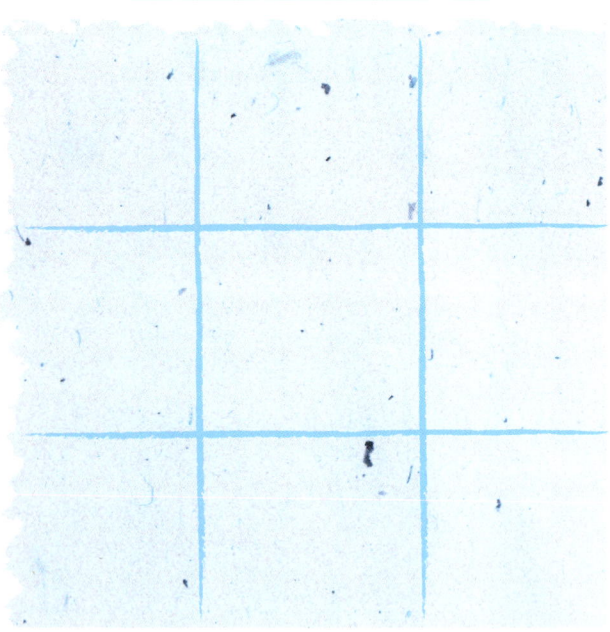

애국지사 빙고판

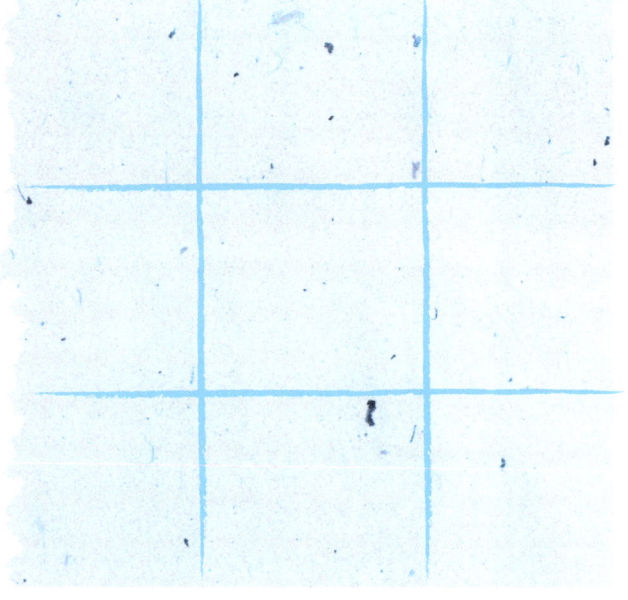

5차시

🌿 **민족혼을 지킨 애국자** 우리나라의 민족 문화를 지키기 위해 애쓴 애국자들과 관련된 내용을 찾아 짝지어 보세요.

이윤재 최현배	1936년 베를린 올림픽 마라톤 경기에서 금메달과 동메달 획득.
박은식 신채호	조선어 학회를 조직하여 한글 연구 및 강습회를 개최하여 한글 보급에 앞장섬.
한용운 심훈 윤동주	우리 민족의 독립 의식을 심어주고자 역사책을 씀.
나운규	우리 민족의 아픔을 문학 작품으로 표현함.
손기정 남승룡	우리 민족의 고통을 영화 '아리랑'으로 제작함.

5. 조선의 개항과 독립운동 | 45

생각이 쑥쑥! 나도 역사가

 일본의 전쟁 다음은 일본이 일으킨 전쟁입니다. 빈칸에 알맞은 사건을 써 보세요.

청일 전쟁(1894~1895)

- 동학 농민 운동이 일어남.
- ( )
- 일본인 보호를 위해 일본이 파병함.
- 일본이 청나라에 승리함.
- 랴오둥 반도와 타이완을 얻음.

러일 전쟁(1904~1905)

- 만주와 한반도 지배권을 두고 러시아와 대립함.
- 러시아와 국교를 단절함.
- 만주의 여순항에 정박 중이던 러시아 함대를 공격함.
- ( )
- 조선의 지배권과 랴오둥 반도를 차지함.

태평양 전쟁(1941~1945)

- 중국을 공격하여 중일 전쟁(1937)이 일어남.
- 전쟁 자원 확보를 위해 인도차이나 반도를 공격함.
- 진주만 공격으로 미국이 전쟁에 참여함.
- ( )
- 항복을 선언함.

십자말 풀이 - 인물 알아보기

다음은 개화기부터 일제강점기까지 인물 알아보기 낱말 퍼즐입니다. 가로 퍼즐은 한 일을 보고 인물이 누구인지 찾아 쓰고, 세로 퍼즐은 인물을 보고 한 일을 써 보세요.

	①안ⓐ			②서ⓑ				심ⓒ
	중			상		③		훈
	근	ⓓ윤		돈				
		④봉			⑤ⓔ김			
		길			옥			
					균		⑥ⓕ이	
⑦	홍ⓖ						인	
	범		⑧신ⓗ				영	
	도		돌				ⓘ이	
			석			⑨		준

가로 열쇠

① 평양 대성 학교의 설립자.
② 갑신정변, 독립 협회를 조직함.
③ 정주 오산 학교의 설립자.
④ 일본 도쿄에서 일왕을 저격함.
⑤ 청산리에서 일본군에 승리함.
⑥ 흥선 대원군의 이름
⑦ 갑오개혁을 실시함
⑧ 국사 연구, 독립 운동가
⑨ 동학 농민 운동 지도자

세로 : 한 일 쓰기

ⓐ
ⓑ
ⓒ
ⓓ
ⓔ
ⓕ 을미사변과 단발령에 항거한 춘천의 의병장.
ⓖ
ⓗ
ⓘ

생각이 쑥쑥! 나도 역사가

친일 재산 환수법 이 법은 일제가 국권 침탈을 시작한 러일 전쟁 시작부터 1945년 8월 15일까지, 친일 반민족 행위자가 취득한 재산을 친일 재산으로 추정하여 취득 시점부터 국가의 소유로 하는 법입니다. 친일파의 후손들은 러일 전쟁 이전부터 소유하고 있던 땅까지 친일 재산으로 보고 그것을 입증할 책임을 후손들에게 지우는 것은 부당하다고 재산권 소급 박탈이 위헌이라고 헌법 소원을 냈습니다.

헌법 재판소-사법부의 친일 재산·친일 행위 판단 기준

헌법재판소
- 일제 통치 기구 참여, 고위 관직을 받은 경우 그 지위는 친일 재산을 형성하는 데 상당한 역할
- 러일 전쟁(1904년 2월 8일)부터 광복(1945년 8월 15일)까지 친일 행위자가 취득하거나 이를 상속, 증여받은 재산으로 '추정'
- 과거사 청산 작업이 반세기 이상 늦어진 탓에 친일 재산이 아니라는 입증은 후손들 책임

대법원
- 일제에게서 작위를 받았다는 것만으로 한-일 합병의 공이 있었다고 '추단할 수 없음' (친일파 이해승 사건)
- 소급적으로 재산권 박탈이라는 불이익을 받기 때문에 대상자의 범위를 불리한 방향으로 지나치게 확장 해석, 유추 해석해서는 안 됨

- 친일 재산 환수 관련 소송 62건
- 친일 재산 환수+일제 직위 소송 5건
- 종결된 소송 25건

○ 여러분이 헌법 재판관이 되어 판결을 내린다면, 어떤 판결을 내릴 것인지 판결문을 써 보세요.

조선의 개항과 독립운동 정리하기

"조선의 개항과 독립운동"에 대해서 공부했습니다. 시계 방향으로 돌아가면서 각 시기별로 중요한 사건을 정리해 보세요. 다시 12시로 되돌아오면 우리나라는 고대하던 해방을 맞이하게 됩니다.

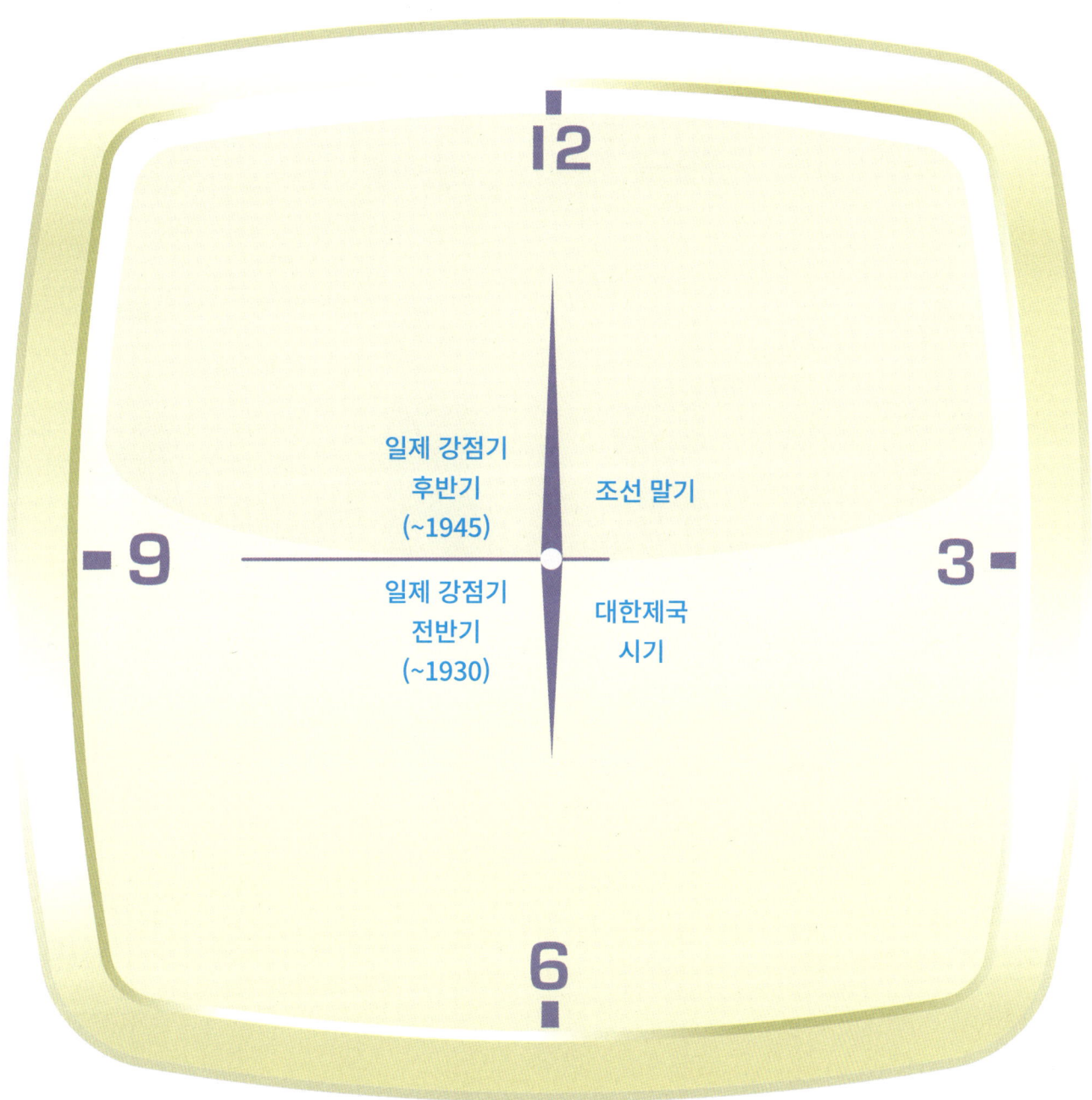

마음에 꼭꼭! 되돌아보기

 역사적인 인물 다음의 인물들 가운데 가장 닮고 싶거나 자랑하고 싶은 인물을 고르고 그 이유를 간단하게 써 보세요.

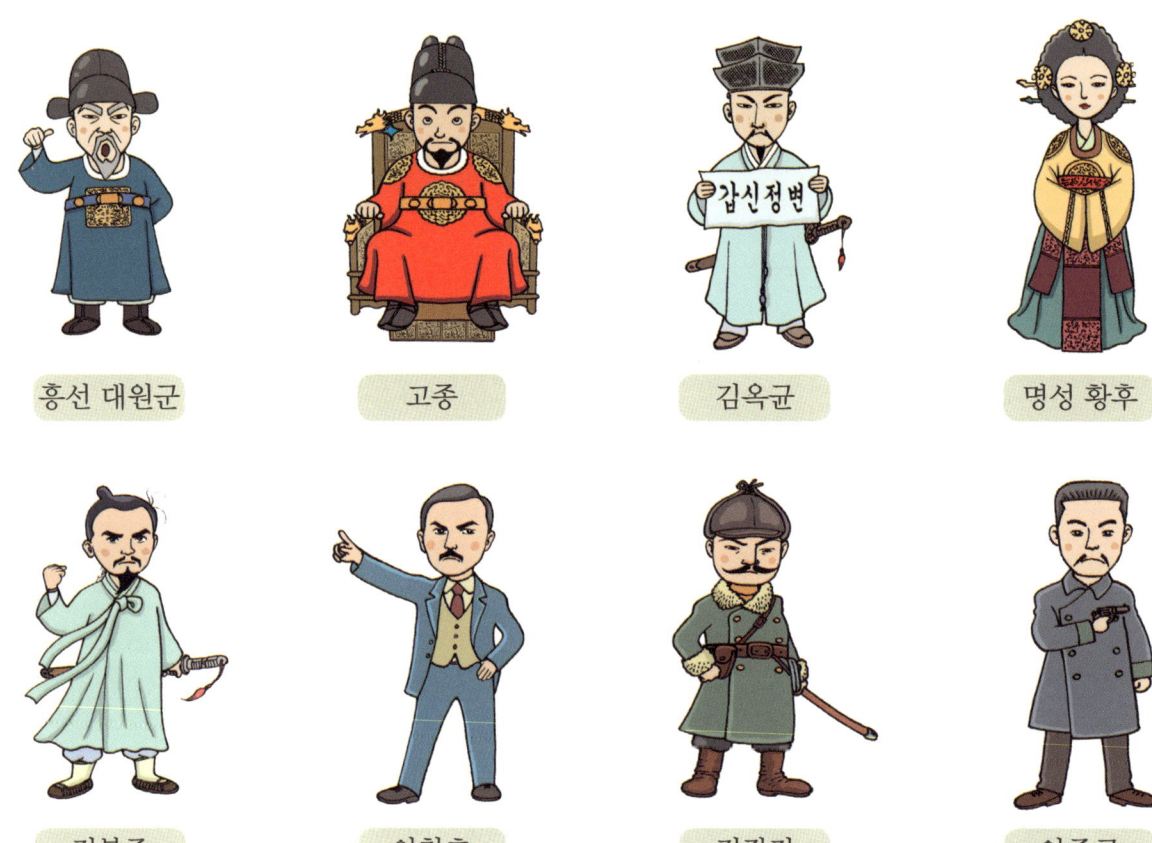

가장 닮고 싶거나 자랑하고 싶은 인물

이유

역사적인 사건

다음의 사건들 가운데 가장 인상적이거나 의미 있는 사건을 선택하고 그 이유를 간단하게 써 보세요.

쇄국 정책 · 강화도 조약 · 갑오개혁 · 대한 제국 선포

을사조약 · 의병 운동 · 3·1운동 · 계몽 운동

가장 인상적이거나 의미 있는 사건

이 유

역사 낱말 풀이!

3·1 운동 일제 강점기에 일제의 지배에 항거하여 민족 대표 33인이 주도하여 독립을 선언하고 만세 운동을 시작한 사건.

가례 왕실에서는 왕의 성혼이나 즉위, 또는 왕세자·왕세손·황태자·황태손의 성혼이나 책봉 따위의 예식을 이르고, 민가에서는 관례나 혼례를 이름.

갑신정변 1884년 12월 4일 김옥균, 박영효, 홍영식 등 개화파가 청나라에 의존하는 수구파를 몰아내고 개화 정권을 수립하려고 한 쿠데타. 3일 만에 진압되어 "3일 천하"라고도 부름.

갑오개혁 1894년 7월 27일부터 1895년 8월까지 조선 정부에서 실시한 제도 개혁 운동.

강화도 조약 운요호 사건을 빌미로 1876년 2월 27일 조선과 일본 사이에 체결된 불평등 통상 조약.

개항 항구를 열어 외국 선박의 출입을 허용하여 다른 나라와 통상할 수 있도록 함.

개혁 제도나 기구 따위를 새롭게 뜯어 고침.

공사관 외무 공무원인 공사가 주재지에서 사무를 보는 기관. 국제법상 본국의 영토로 인정되어 세금이 면제되며, 치외 법권 등 여러 가지 특권을 누림.

국권 피탈 국가의 권력을 빼앗김. (비슷한 말 : 국권 상실, 예전에는 경술년(庚戌年)에 일어난 나라의 수치라고 하여 경술국치(庚戌國恥)라고 했음.)

국채 국가의 빚.

국채 보상 운동 일제가 조선을 경제적으로 예속시키기 위해 빌려 준 1300만 원의 나랏빚을 갚기 위해 서상돈 등이 제안하여 전국으로 퍼진 국민운동.

군란 군인들이 불만을 품고 일으킨 난리.

당백전(當百錢) 대원군이 부족한 국가 세금을 채우기 위해 주조한 화폐. 실질 가치는 상평통보의 5-6배에 지나지 않는데 100배의 명목 가치를 부여했음. 그래서 이름도 當百錢임.

대한 제국 1897년 10월 12일 ~ 1910년 8월 29일까지 고종이 천명한 조선의 새 이름. 고종이 자주 국가에 대한 염원과 의지를 대내외적으로 알리기 위해 황제로 즉위하면서 내세운 국호.

대한민국 임시 정부 일제의 한반도 강제 점령을 부인하고 항일 투쟁을 지휘하기 위해 1919년 9월 11일부터 1948년까지 활동했던 정부.

도굴 고분이나 묘지 따위를 몰래 파내는 행위.

독립 협회 1896년 7월 서재필을 중심으로 하여 창립된 한국 최초의 근대적인 사회 정치 단체. 주권 침탈과 지배층의 인권 유린이 자행되는 가운데 주권 독립운동, 민권 운동, 개화 자강 운동을 전개한 단체.

동양 척식 주식회사 일제가 조선의 경제 독점 그리고 토지와 자원의 수탈을 목적으로 세운 국책 회사.

동학 농민 운동 1894년 동학 교도 및 농민들이 조선 관리들의 탐학과 부패를 척결하기 위해 일어난 민중 봉기.

러일 전쟁 1904년, 한반도와 만주에 대한 지배권 때문에 벌어진 러시아와 일본의 전쟁. 일본 승리. 1905년, 미국의 루스벨트 대통령의 중재로 포츠머스 강화 조약을 체결하게 된다. 러일 전쟁 중 일본은 독도를 자기네 땅으로 슬쩍 편입했고 그것을 빌미로 독도가 일본 땅이라는 터무니없는 주장을 하고 있다.

역사 낱말 풀이!

망명 정치나 사상, 종교 등의 이유로 탄압받는 사람이 다른 나라로 국적을 옮기는 행위.
(사례: 김옥균은 갑신정변 실패 후 박영효 등과 일본으로 망명하였다.)

문물 문화의 산물, 종교, 예술, 학문, 정치, 경제, 법률 등에 관한 모든 것을 통틀어 이르는 말.

문벌 대대로 이어 내려오는 가문의 사회적 신분이나 지위.

민족 말살 정책 일제가 식민지 상태를 영구화하기 위해 실시한 일본어 교육, 신사 참배, 창씨개명 등의 정책.

병인양요 1866년 프랑스 로즈 제독이 이끄는 함대가 강화도를 점령하고 통상을 요구하였으나 조선군의 완강한 저항 때문에 물러난 사건.

비변사 조선 중기 이후 군국(軍國)의 사무를 맡아보던 관아.

사창제 환곡의 폐단을 고치기 위해 설치한 제도로서, 리(里) 단위로 보릿고개 때 곡식을 빌려 주는 사창을 설치 운영한 제도.

산미 증식 계획 일제가 식량난에 시달리자 조선을 일본의 식량 공급 기지로 만들기 위해 1920년부터 1934년까지 실시한 정책.

삼군부 조선 초기 군사에 관한 일을 통할하던 관청.

쇄국 나라의 문호를 굳게 닫고 다른 나라와의 통상과 교역을 금지함.

승정원 조선 시대 임금의 명령을 전달하고 여러 가지 사항들을 임금에게 보고하는 일을 맡아보던 관아.

승지 승정원의 왕명의 출납을 담당한 정 3품의 신하. 현재의 대통령 비서.

시해 부모나 임금, 국가 원수를 죽이는 행위.

신미양요 1871년 제너럴셔먼호 사건 발생에 대한 손해 배상과 조선과의 통상 요구를 위해 미군 로저스 사령관이 강화도에 쳐들어왔으나 조선군의 저항으로 물러난 사건.

애국 계몽 운동 1905년 을사조약 이후 국권 회복과 근대 국가 건설을 위해 교육 보급과 산업 발달로 국민을 계몽하고 실력 양성에 힘쓴 운동.

영은문 청나라 사신을 맞이하던 문.

양요 조선 말기, 서양 사람들이 일으킨 난리.

우정국 조선 후기 우편 업무를 관장한 관청. 조선은 1884년 근대적 우편 업무를 개시함.

운요호 사건 1875년 일본 군함 운요호가 측량을 구실로 강화도에 들어와 조선 군대와 전투를 벌이고 개항을 요구한 사건.

원납전 조선 후기 경복궁 재건을 위해 강제로 징수한 기부금.

위안부 중일 전쟁 및 아시아 태평양 전쟁 시기에 일본 정부가 일본군의 성욕 해결 등을 목적으로 동원하여 일본군의 점령지나 주둔지 등의 위안소에 배치하여 '일본군의 성노예'로 동원된 여성.

을사조약 1905년 11월 17일 일본에 의해 강제적으로 맺은 불평등 조약. 조선의 외교권 박탈을 주 내용으로 하고 통감부가 설치됨.

역사 낱말 풀이!

의거 의로운 일을 도모하는 행위.

의정부 조선 시대 1400년에 설치한 조선법제상 최고의 행정 기관. 영의정, 우의정, 좌의정이 국가의 중요한 정사를 논하고 그 합의를 왕에게 결재를 받는 기관.

이맛돌 입구 위에 가로 걸쳐 놓은 돌.

일제 강점기 일제가 대한 제국의 영토를 강제로 빼앗아 차지한 기간. (예전에는 일제 시대(日帝時代)라는 단어를 사용했음.)

임오군란 1882년 6월 신식 군대인 별기군과의 차별 대우, 봉급 연체와 불량한 쌀 지급 등에 대한 반발로 구식 군인들이 일으킨 항쟁.

자주독립 남의 보호나 간섭을 받지 않고 정치 경제적으로 자주권을 가짐.

정변 반란이나 혁명, 쿠데타 등 비합법적인 수단으로 생긴 정치상의 큰 변동.

조선 총독부 일제가 1910년부터 1945년까지 한국에 대한 식민 통치를 하기 위해 만든 기관.

조약 국가 간에 문서로 한 명시적 합의. 전권을 가진 위원의 서명, 비준, 비준서 교환 등에 의하여 성립한다. 국가 간의 합의에는 협약, 협정, 규약, 권장, 선언, 각서, 통첩 등이 있음.

조혼 어린 나이에 혼인함.

척화 친하게 지내자는 논의를 물리침.

친정 임금이나 최고 권력자가 직접 정사를 맡아 다스림.

탐관오리 재물을 탐하고 행실이 깨끗하지 못한 관리.

토막집 땅을 파고 위에 거적 따위를 얹고 흙을 덮어 추위와 비바람을 막게 한 허름한 집.

토지 조사 사업 1910년부터 1918년까지 일본이 조선의 토지를 약탈하고 세금을 많이 걷기 위해 실시한 조사 사업.

통상 나라들 사이에 서로 물품을 사고파는 행위.

특사 특별한 임무를 띠고 파견되는 외교 사절.

항일 의병 운동 동학 농민 운동에서 시작하여 명성 황후 시해 및 단발령에 항거한 을미년의 의병 운동, 을사조약 파기를 위해 일어난 을사년의 의병, 고종의 강제 퇴위 및 군대 해산령에 반발하여 일어난 정미년의 의병 등을 말함.

향원정 1873년 경복궁 후원의 연못 가운데 있는 원형의 섬에 만든 육각 지붕의 2층 정자.

환곡제 흉년이나 춘궁기에 곡식을 빈민에게 빌려 주고 추수기에 되돌려 받던 제도.

회사령 조선에서 회사를 설립할 경우에 조선 총독부의 허가를 받도록 규정한 조령(條令).

한국광복군 1940년 중국 충칭에서 조직된 대한민국 임시 정부의 군대.

학부모와 선생님을 위한 **역사논술**

모범답안 + 길라잡이

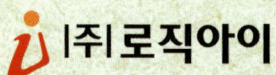

5 조선의 개항과 독립운동

[길라잡이]
사진 설명
소재 : 서울특별시 서대문구 현저동
내용 : 사적 제 32호
독립문은 독립협회가 중심이 되어 조선이 독립국임을 상징하기 위해 중국 사신을 맞이하던 영은문을 헐고 그 터에 지은 문이다.
독립문은 1896년에 공사를 시작해 1897년에 완공되었다. 프랑스 파리의 개선문을 모델로 삼아 만들었다. 1979년 성산대로 공사로 인해 원래 위치에서 북서쪽으로 70미터 이전하였다.

[길라잡이]
*5단원 전체 설명

이 시기는 외세의 침략과 국권 피탈, 일제 강점기로 인한 우리 민족의 고통스런 역사의 한 부분이다.

1860~70년대 프랑스가 조선에 천주교 탄압의 책임을 묻는다는 구실로 강화도를 침략했고, 5년 뒤 미국 상선은 통상을 요구하며 행패를 부렸다. 미국 군함이 강화도를 공격하기도 했다. 양헌수, 어재연 장군 등은 목숨을 걸고 싸웠다. 흥선 대원군은 척화비를 세웠고 서양의 침략에 절대 굴하지 않았다. 일본도 운요호 사건을 통해 강화도에서 조약을 맺었으나 조선의 권리가 무시된 불평등 조약이었다.

1884년 김옥균을 비롯한 급진 개화파는 개화사상을 바탕으로 조선의 자주 독립과 근대화를 목표로 갑신정변을 일으켰으나 3일 만에 실패했다.

1890년대 조선 관리들의 부패와 탐학이 심하여 전국에서 동학 농민군이 봉기하여 탐관오리 처벌과 개혁을 요구하였다.

외세로부터 자주성을 알리기 위해 고종은 대한 제국을 수립하고 우리나라가 근대적인 자주 독립 국가임을 온 세계에 알리고자 했다. 하지만 1910년 한일 병탄 조약을 통해 대한제국은 역사 속에서 사라지게 된다.

일본은 쌀 수탈 정책을 폈고, 전쟁을 위해 전쟁 물자를 강제로 빼앗았으며, 여자들은 위안부(성적 노예)로 젊은 남자들은 강제 징용되었다.

나라를 되찾기 위해 나라 안에서는 3·1운동, 6·10 만세 운동 등 독립운동이 일어나고 해외에서는 임시 정부 수립, 대한독립군, 한인 애국단 활동 등을 통해 독립의 의지를 불태웠다. 결국 1945년 8월 15일 일본의 항복으로 세계 2차 대전이 종식되어 한국이 독립하였고, 1948년 8월 15일 대한민국 정부가 수립되었다.

10~11쪽
[길라잡이]

그림 설명
〈왼쪽 위〉 흥선 대원군이 쇄국 정책과 이양선이 출몰하는 모습
〈오른쪽 위〉 일본과 맺은 강화도 조약과 구식 군인들이 일으킨 임오군란 모습
〈가운데 오른쪽〉 근대화를 위한 갑신정변과 대한 제국을 선포하는 모습
〈가운데 왼쪽〉 한일 병합으로 일본 제국의 지배와 수탈을 당하는 모습
〈왼쪽 아래〉 도시화와 독립을 위한 의병, 교육 운동 등을 하는 모습
〈오른쪽 아래〉 3.1운동과 임시 정부 등 독립 운동을 하는 모습

12~13쪽
[연표정답]
고종 즉위와 흥선 대원군 섭정(1863) - **병인양요**(1866) - **신미양요**(1871) - **고종 친정**(1873) - **운요호 사건**(1875) - **강화도 조약**(1876) - **임오군란**(1792) - **갑신정변**(1884) - **동학 농민 운동, 갑오개혁**(1894) - **명성 황후 시해(을미사변)**(1895) - **러시아 공사관 고종 피신(아관파천)**(1895) - **대한 제국**(1897) - **러일 전쟁**(1904) - **을사조약**(1905) - **국채 보상 운동**(1907) - **안중근 의거**(1909) - **국권 피탈**(1910) - **토지 조사 사업**(1912) - **3·1운동, 상해 임시 정부 수립**(1919) - **청산리 전투**(1920) - **6·10 만세 운동**(1926) - **이봉창, 윤봉길 의거**(1932) - **해방, 미군정**(1945)

14 ~ 15쪽
[예시답]
- 동양에서 자원과 노동력을 약탈하기 위해서였습니다.
- 동양에 자신들이 만들 물건을 팔기 위해서였습니다.
- 천주교를 전파하기 위해서였습니다.

[예시답]
- 외국에 빼앗긴 우리나라의 문화재가 무엇이 있는지 찾아봅니다.
- 외국에 있는 박물관장님께 편지를 써서 우리 문화재를 돌려 달라고 합니다.

[길라잡이]
외규장각은 19세기 병인양요 때 프랑스 해군이 쳐들어왔을 때 약탈당하였다. 역사학자 박병선이 프랑스 국립 도서관 사서가 되어 1967년 베르사유 별관에서 관련 도서들을 발견하였다. 그 후 2010년 11월 정상 회담 이후 외규장각 도서를 5년마다 갱신 대여하는 것으로 합

의하여 2011년 4월 14일부터 5월까지 환수가 완료되어 그중 일부를 국립 중앙 박물관에서 공개하고 있다.
[정답] | ① 비변사 ② 양반
[예시답]
당쟁이 일어나고 백성을 괴롭히니 서원을 정리하고 철폐하라.

16쪽

[정답]
③ ⇒ ① ⇒ ②(아래부터)
[길라잡이]
 흥선 대원군은 나이 어린 고종을 대신하여 나라를 다스렸다. 대원군은 서원을 철폐하고, 호포제를 실시하여 양반들에게도 세금을 걷고, 백성들에게 쌀을 빌려주는 사창제를 실시하였다. 임진왜란 때 불 타 없어져 버린 경복궁을 중건하였으며, 권한이 비대해진 비변사를 폐지하고 의정부와 삼군부를 다시 회복시켰다.
[예시답]
• 오페르트는 조선 사람들은 조상의 묘를 소중히 여기는 것을 알고 대원군의 아버지인 남연군의 묘를 파헤쳐 시체와 부장품을 이용해 대원군과 통상 문제를 흥정하려고 하였다.

• 서양 오랑캐는 시체를 훔치려 하고 민가를 파괴하고 우리 군대에 발포하였기 때문에 대원군은 서구 세력을 적대적으로 생각하고 쇄국 정책을 더 강화하려고 할 것이다.

17쪽

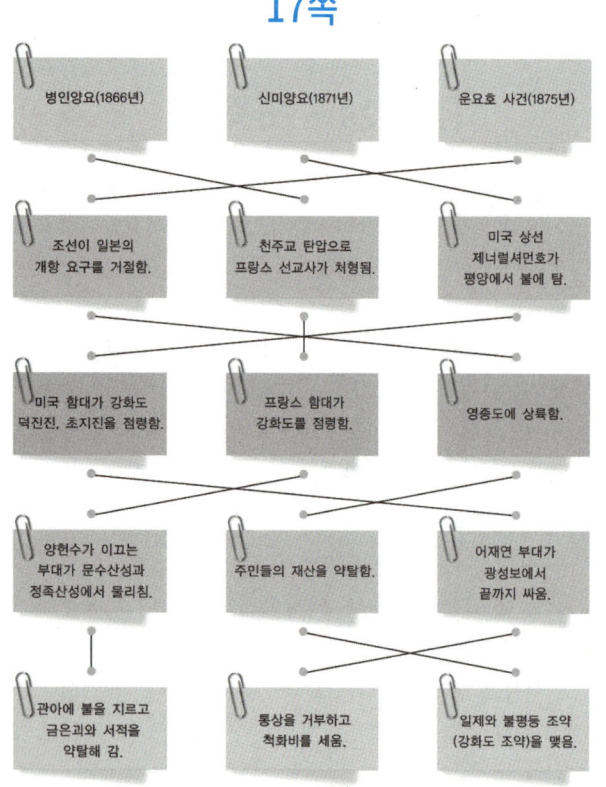

[길라잡이]
 대원군은 천주교에 대한 여론이 고조되자 프랑스 신부와 천주교도들을 처형하였다. 이에 프랑스는 선교사 살해를 구실삼아 강화도를 침범하였다. 문수산성의 한성근, 정족산성의 양헌수가 활약하여 프랑스군을 격퇴시켰으나 프랑스군은 퇴각하면서 외규장각 도서 및 문화재를 약탈해 갔다. 이것이 병인양요이다.
 미국의 상선 제너럴셔먼호가 평양의 대동강을 거슬러 올라와 통상을 요구하고, 선원들이 육지로 내려와 행패를 부렸다. 이에 평양 군민들은 제너럴 셔먼호를 불태워 버렸다. 이를 구실 삼아 미군은 강화도에 침입하였다. 광성보에서 어재연 장군이 맞서 싸웠지만 전사하였다. 미군은 조선의 통상 의지가 보이지 않자 결국 철수하고 대원군은 전국 각지에 척화비를 세웠다.
 일본 해군이 초지진에 접근하자 조선군은 포격을 가하였다. 일본은 이 전투에서 패하였으나 운요호에 대한 포격 책임을 빌미로 개항을 요구하였다.

18쪽

[정답] | (쇄국 정책), (신미양요)
[예시답] | 내가 쓰는 개화비
서양을 오랑캐가 아니라 통상을 통해 우리의 과학을 발전시키고 여러 문물을 교환하기 위한 대상으로 알아. 우리나라와 서양과 교류를 통해 후손들에게 발전된 나라를 건네주자.
이유 : 서양의 발전된 과학을 받아들여 우리나라를 좀 더 발전시키고 서양과 교류를 통해 다양한 교육을 시키기 위해.
[길라잡이]
 쇄국 정책(통상 수교 거부 정책)에 대한 평가는 아직도 논쟁 중이다. 흥선 대원군의 쇄국 정책의 원인, 내용 등을 정리해 보고 쇄국정책에 대한 찬성, 반대 의견을 나누는 토론을 해 보는 것도 좋다.

19쪽

[예시답]

	수정문(평등한 조약)
3조	이제부터 두 나라 사이에 오고가는 공문은 조선은 한글을 쓰고, 일본은 일본어를 쓴다. 상대 국가를 위해 번역문 한 본을 첨부하여 쓴다.
4조	두 곳의 항구를 개항하여 일본 백성들이 오가면서 세금을 내고 통상하게 하며 거주하는 사람들의 집은 조선국의 허가를 받아 정해진 곳에 짓는다.
10조	일본 사람들이 조선에서 죄를 저질렀을 경우 조선의 법조문에 따라 조사 판결하게 한다. 조선 사람이 일본 사람에게 죄를 저질렀을 경우에도 조선의 법조문에 따라 공평하고 정당하게 처리한다.

1: 일본의 강요에 의해 일본 제국에게만 유리한 내용이므로.
2: 운요호 사건을 평화적으로 해결하여 일본과의 전쟁을 피하기 위해서.

[길라잡이]
강화도 조약은 외국과 맺은 최초의 불평등 조약이다. 이것을 평등한 조약으로 바꾸어 보면서 당시 조선과 주변 열강들과의 관계를 이야기하고 우리나라의 주권을 지키기 위한 필요한 노력을 생각해 보는 계기가 되면 좋다.

20쪽

[정답] | (일본 공사관), (대원군), (청나라 군대)

21쪽

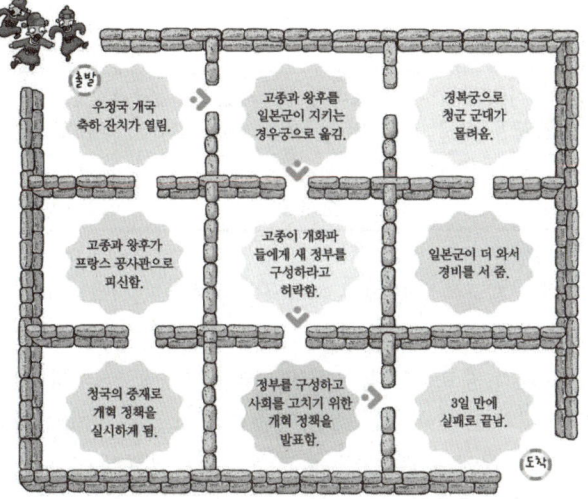

[예시답] 자주 독립과 제도 개혁을 통한 근대 국가를 건설하고자 하였다.

[도움글] 갑신정변은 김옥균, 박영효를 비롯한 급진 개화파가 조선의 자주 독립과 근대화를 목표로 일으킨 정변이다. 그러나 갑신정변은 3일 만에 청군의 빠른 개입과 일본군의 비협조로 실패로 끝나고 말았다. 하지만 갑신정변은 자주 근대화 운동의 효시라 할 수 있고 개화 운동의 방향을 정립하여 주었다는 의미에서는 역사적 의의가 크다.

22쪽

[정답]

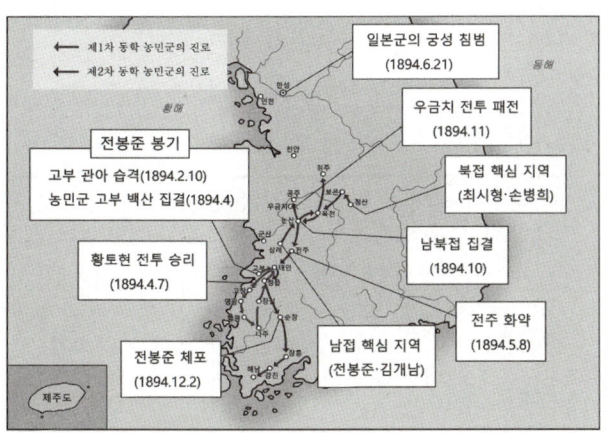

[예시답]
1차 봉기 이유: 탐관오리인 전라도 고부 군수 조병갑의 지속적인 수탈로 만석보라는 대형 저수지를 만들어 사용료를 부과하고, 아버지의 공덕비를 세우기 위해 백성들에게 강제로 노역을 시켜서.
2차 봉기 이유: 일본군이 무력으로 경복궁을 점령하고 일본이 내정 간섭을 하자 일본을 몰아내기 위해서.

22쪽

[예시답]
① 몰락한 양반 가문의 사람입니다.
② 기억력이 총명한 소년이었습니다.
③ 고부 군수 조병갑을 몰아내고 1차 봉기를 주도하였습니다.
④ 동학 농민 운동의 지도자입니다.
⑤ 별명은 녹두 장군입니다.

[길라잡이]
퀴즈를 내기 위한 힌트를 만들 때 처음에는 어려운 힌트를 주고 점차 쉬운 힌트를 줄 수 있게 문제를 만들게 한다.

[정답]
세금은 법으로 정하되 필요에 따라 조절하여 거둔다. ⇒ 세금은 법으로 정하여 그 이상 거두지 못한다.

[도움글]
갑오개혁은 갑오경장이라고도 부르는데 1차 개혁에서는 군국기무처를 설치하여 관제를 개편하고 왕실의 권한을 축소하였으며, 개국 기년의 사용을 의무화하여 청국과의 사대 관계를 단절하였다. 또한 신분제 철폐, 죄인 연좌법 폐지, 조혼 금지, 과부 재가 허용 등 백성들을 위한 개혁도 실시하였다. 또한 조세의 금납화(세금을 돈으로 내는 제도)를 실시하였다.
2차 개혁에서는 종친의 정치 참여 금지, 제도 등의 정비를 위한 홍범 14조를 발표하였다.

24쪽

[정답] | (미우라 공사), (아관파천)

[도움글]
• 을미사변
청일 전쟁에서 승리한 일본이 삼국 간섭(러시아, 독일, 프랑스)으로 요동반도를 청국에 돌려주었다. 상황이 나빠지자 명성 황후는 친러 정책을 펴서 일본을 압박하였다. 이에 조선 주재 일본 공사 미우라 고로의 주도로 일본군과 20여 명의 자객을 동원해 경복궁을 습격하고 고종 황제의 정비 명성 황후를 무참히 살해한 사건이다.

• 아관파천
삼국 간섭으로 러시아의 영향력에 자극받아 친러 세력과 러시아 공사관의 공모로 고종과 왕세자가 러시아의 공사관으로 옮겨간 사건이다.
[정답] | 광무, 환구단
[예시답]
광무 원년 10월 12일은 조선 역사에 가장 빛나고 영화로운 날이 될 것이다. 조선은 자주독립국으로 대황 제국이 되었다. 이렇게 영광이 된 날에 하느님께 감사드리고자 하노라.
[정답]
• 광무 : 1897년부터 1907년까지 사용된 대한 제국의 첫 번째 연호이다.
• 환구단 : 고종이 대한 제국의 자주 독립을 알리고 하늘에 제사를 지내기 위해 황궁(현재 덕수궁)과 마주보는 자리에 세웠다.

25쪽

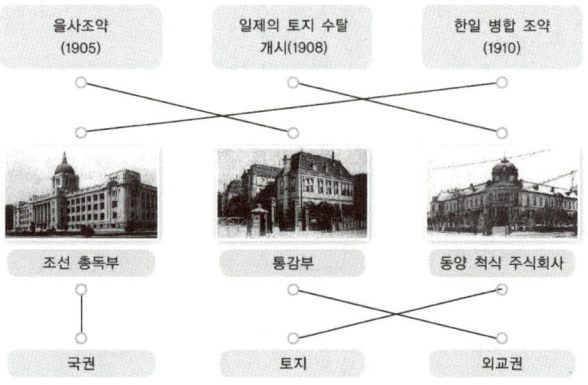

[예시답]
일본의 소작인들을 대한 제국으로 이주하게 하여 일본인들의 재산을 늘리게 하고, 조선의 쌀을 수탈하기 위해.

26쪽

[정답]

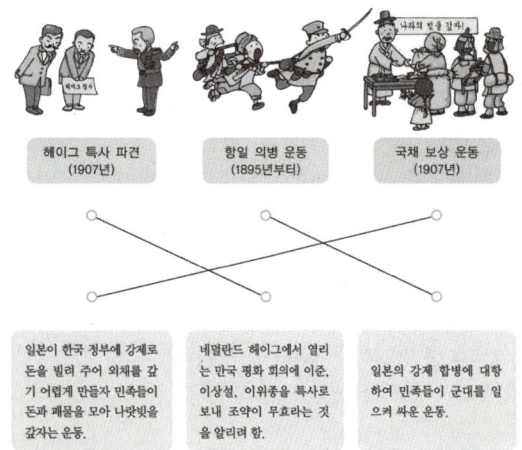

[길라잡이]
• 헤이그 특사 파견
고종이 네덜란드 헤이그에서 열린 제2회 만국 평화 회의에 특사 이준, 이상설, 이위종을 파견하여 을사조약이 대한 제국 황제의 뜻에 반하여 일본 제국의 강압으로 이루어진 것임을 알리려 했던 사건이다.

26쪽

	조선 시대	대한 제국 시대
다니는 학생	양반	백성, 여성
배우는 과목	유교 경전	체조, 외국어, 과학 등
수업 받는 모습	바닥에 앉아서 수업	책상에 앉아서 수업
운영 방법	선생님 임의의 운영	학기제 운영
선생님	학식 있는 양반	교사, 선교사 등

나라에서 세운 학교	애국지사가 세운 민족 사립 학교	외국인 선교사가 세운 학교
원산 학사 육영 공원	대성 학교 오산 학교	배재 학당 이화 학당

[길라잡이]
대한 제국은 국민에게 애국심을 일깨우고 신학문과 신기술을 가르치기 위해 근대 학교를 설립하였다.
교육의 중요성이 높아짐에 따라 많은 애국지사와 애국 단체가 사립 학교를 세워 민족 교육 운동을 활발히 하였다. 기독교 선교사들도 학교를 세워 근대 학문을 보급하여 근대 교육에 기여하였다.
[도움글]
• 원산 학사 : 1883년 정현석 등이 원산에 세운 최초의 근대 학교 • 육영 공원 : 1886년 민영익이 서소문동에 영어 등을 교육하기 위한 관립 학교 • 배재 학당 : 1885년 미국 선교사 아펜젤러가 서울에 세운 사립 학교 • 이화 학당 : 1886년 미국 여선교사 스크랜턴이 서울에 세운 사립 여자 학교 • 대성 학교 : 1907년 안창호가 평양에 설립한 민족 개조, 애국 계몽을 위한 사립 학교 • 오산 학교 : 1907년 이승훈이 정주에 설립한 민족 개조, 애국 계몽을 위한 사립 학교
[정답]
달리기, 이어달리기, 공 던지기, 깃발 뺏기, 행진, 연합 체조

28쪽

[예시답]

의생활	상투를 자르고 남자들은 양복, 모자, 양말, 구두 여자들은 머리를 짧게 하고 개량 한복, 브로치, 통치마 등을 입음.
식생활	커피, 홍차, 양식, 양과자, 설탕, 우유 제품, 케이크, 홍차, 단무지, 유부, 어묵 등을 먹었고 남녀가 같이 식사를 하게 됨.

주생활	나무, 기와로 만든 집에서 시멘트, 유리, 벽돌로 된 서양식 집이 세워짐. 최초의 호텔도 세워짐.

29쪽

[예시답]

〈신문 기사의 원문 번역〉

미합중국 남쪽에 있는 쿠바라는 섬은 스페인의 속국인데 거기 국민들이 자주독립하려고 나서 스페인 군대와 독립 전쟁을 시작한 지 벌써 일 년이 넘었습니다. 미국 정부에서 쿠바를 독립국으로 인정하자는 논의가 있는데 최근에 미국 의회에서 쿠바 의병을 스페인 반란군이 아닌 독립운동을 하는 의병으로 인정하자는 회의가 있었습니다. 이에 스페인 신문사들이 미국에 대하여 적대적인 기사를 쓰고 스페인 국민들이 미국 국민들에게 나쁜 짓을 하는 일이 생겨 스페인 정부에서는 국민들을 단속하고 스페인에 있는 미국 국민들을 보호한다고 합니다. 또한 최근에 영국과 프랑스 사이에 대단한 시비가 있었는데 영국 군대가 벵골(봉골, 벵갈 : 인도의 도시 : 지금의 방글라데시)이라 하는 곳으로 군대를 보낸 까닭에 프랑스 내 여론이 좋지 않고 자칫하면 영국과 프랑스 사이에 전쟁이 일어날 수 있다고 합니다. 이탈리아 군대는 아비시니아(에티오피아의 옛 이름) 군대와 아프리카에서 전쟁을 하다가 대패하였는데 아비시니아 국민들은 프랑스에서 군수품을 지원받았다고 합니다.

[길라잡이]

• 신문 기사 쓰는 법

기사를 쓸 때에는 간결하고 함축적인 제목을 쓰고, 문어체보다는 구어체로 쓰고, 사건의 의미와 중요성을 강조하고, 문장은 완결성을 지녀야 하며, 가장 중요한 정보는 앞, 뒤로 배치하고, 독자의 입장에서 쉽게 쓰면 좋다.

특히나 육하원칙에 따라 핵심을 요약해 보고, 여러 가지를 나열하지 않고 핵심만 잘 전달할 수 있게 한다.

[도움글]

• 독립협회
한국 최초의 근대적인 사회 정치 단체로 서재필을 중심으로 하여 창립하였다.

• 독립신문
한국 최초의 민간 신문이자 한글과 영문이 동시에 실린 신문이었다.

30쪽

[정답]

• 항구, 공장, 일본군 부대, 큰 도로

[예시답]

• 일제는 쌀과 면화를 수출하기 위해 항구와 도로를 건설하였다. 또한 조선을 통치하고 전쟁을 준비하기 위해 부대를 세웠다. 일본인들의 생활에 필요한 물건을 만들기 위해 공장을 세웠다.

• 친일 한국인들은 일본인들과 편안한 생활을 하였고 도시에서 쫓겨난 사람들과 농민들은 하루하루 배고픈 삶을 살았다.

31쪽

[정답]

박문국 – 신문 발간 / 전환국 – 화폐 제조
기기창 – 무기 제조 / 광혜원 – 병원 진료

[정답]

ㅈㄱ – 전기   ㅈㅊ – 전차   ㅈㅎ – 전화   ㄱㅊ – 기차

32쪽

[예시답]

고종 : 승지, 김창수라는 청년이 국모의 원수를 갚기 위해 일본 장교를 때려 눕혔다는 거요? 그렇다면 사형을 중지시키도록 하시오.

신하 : 네, 전하. 알겠습니다. 당장 사형을 중지시키겠습니다.

[도움글]

당시 1902년 3월에 서울과 인천 간 전화가 개통되어 연락이 가능했다. 만약 전화가 개통되지 않았다면 아마 우리 독립운동사는 달라졌을 것이다.

33쪽

[예시답]

여러분, 을사늑약은 대한 제국과 일본 제국 사이에 체결된 불평등 조약입니다. 이 조약은 일본에 의해 강제로 맺은 조약입니다. 우리 대한 제국의 왕을 협박하고 일본 군대가 궁궐을 포위하여 공포 분위기를 만들었습니다. 우리 황제가 조약 승인을 거부하자 대신을 위협하고 매수하여 조약을 체결한 것입니다. 을사오적이 찬성하여 조약이 가결되었다고 마음대로 선언한 것입니다.

이에 우리는 이 억압에 반발하여 항일 의병 운동이 전국적으로 일어났으며, 황제는 체결의 부당함을 알리기 위해 바로 이곳에 이 밀서를 가지고 온 것입니다. 불평등한 조약은 무효입니다!!

[도움글]

일본 제국과 대영 제국의 방해와 서구의 방관으로 조선 대표들은 회의 참석과 발언을 거부당했다. 그러나 영국 언론인 W. 스테드의 주선으로 국제 협회에서 연설할 수 있는 기회를 얻었다. '조선을 위해 호소한다'라는 제목의 연설 내용은 세계 각국의 언론에 보도되었지만 성과를 거두지는 못했다.

34 - 35쪽
[정답]] | (최익현), (신돌석) [정답]] | (안창호), (이승훈)
[예시답]
- 독도가 우리나라 땅에서 더 가깝다.
- 우리 국민이 거주하고 있다. 우리나라 경찰이 지키고 있다.

[도움누리집] 외교부 독도 누리집:
HTTP://DOKDO.MOFA.GO.KR/

36쪽
[예시답]
대한의 국모 명성 황후를 시해한 죄, 대한의 황제를 폭력으로 폐위시킨 죄, 무고한 대한의 사람을 대량 학살한 죄, 조선의 토지와 광산과 산림을 빼앗은 죄

37쪽
[예시답 1]
안중근 의사를 생각합니다~ 감옥에 갇혀서도 독립 외치며~
[예시답 2]
김좌진 장군을 생각합니다~ 청산리 전투에서 승리 외치며~
[길라잡이]
노가바(노래 가사 바꾸기)이다. 단어 수에 유의하면서 우리나라의 독립을 위해 활동한 독립운동가와 관련된 핵심 내용으로 바꿀 수 있도록 한다.
[예시답 1]
우리의 전통과 한을 담은 노래를 들읍시다.
[예시답 2]
진정으로 부르고 싶은 노래를 들읍시다.
[길라잡이]
물산 장려 운동은 일제의 경제적 수탈에 맞서 전개하였던 범국민적인 민족 경제 자립 실천 운동이다. 평양과 경성을 중심으로 조만식, 김성수 등이 주도하였다. 구호는 '조선 사람 조선으로!', '우리 것으로만 살자!'였다. 그 시대를 생각하며 알맞은 내용으로 광고를 만들도록 안내한다.

38쪽
[예시답]
- 각각의 가정에서 기부할 수 있는 패물들을 기부한다.
- 사람들에게 기부할 수 있도록 캠페인을 벌인다.
- 일을 하고 받은 돈의 일부분을 떼어서 기부한다.

[길라잡이]
국채 보상 운동은 서상돈이 시작하고 언론이 참여하여 국채를 갚으려 했던 우리나라 최초의 기부 운동이라 할 수 있다. 다양한 방법을 생각해 보도록 한다.

39쪽
[정답]
①, ②, ④, ⑤
[길라잡이]
1919년 3·1운동에 맞추어 민족 대표 33인이 당시 일제 강점하에 있던 조선의 독립을 국내외에 선언한 글이다.
[정답]

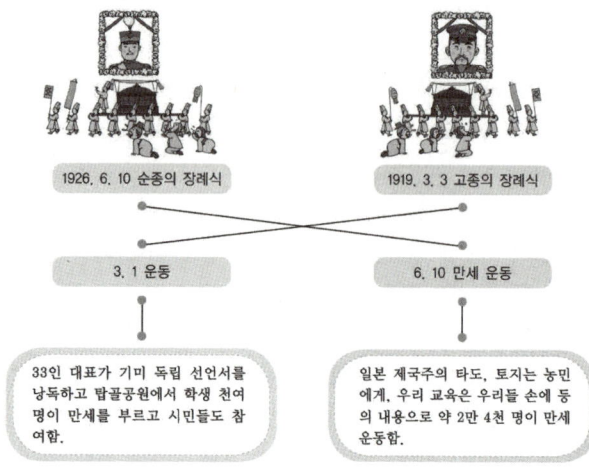

40쪽
[예시답]
제 5조 대한민국의 인민으로 공민 자격이 있는 자는 선거권과 피선거권이 있다
제 6조 대한민국의 인민은 교육, 납세 및 병역의 의무가 있다.
제 7조 대한민국은 신(神)의 의사에 의해 건국한 정신을 세계에 발휘하고 나아가 인류 문화 및 평화에 공헌하기 위하여 국제 연맹에 가입한다.
제 8조 대한민국은 구 황실을 우대한다.
제 9조 생명형, 신체형 및 공창제(公娼制)를 전부 폐지한다.
제 10조 임시 정부는 국토 회복 후 만 1개년 내에 국회를 소집한다.
[길라잡이]
위 헌법 내용을 참조하여 자신의 생각을 표현해 보도록 한다.

41쪽
[예시답]
상하이는 교통이 편리하고 중국의 지원도 받을 수 있는 곳이었다. 또한 치외 법권인 영토가 있어 외교 활동하기 좋았고, 우리나라와 거리상으로 가까운 곳이기 때문에 상해에 임시 정부를 세웠다.
[길라잡이]
1919년 4월 13일 중국 상해에 대한민국 임시 정부가 수립되었다. 대한민국 임시 정부는 비밀 연락망을 조직하여 임시 정부의 소식을 알리고 군자금을 전달받았으며,

신문과 책 등을 발간하였고, 세계 각지에 외교관을 파견하였다. 군자금으로 무관 학교를 세워 독립군을 양성하였으며 한국광복군을 창설하였다.

[정답]

[예시답]
• 통일된 한반도를 보는 것 • 남북한이 자유로이 왕래를 하는 것 • 자손들에게 통일 조국을 물려주는 것

42쪽

[예시답]
① 봉오동 전투 ② 홍범도 ③ 청산리 전투 ④ 김좌진

[길라잡이]
• **봉오동 전투** : 1920년 6월 홍범도, 최진동, 안무 등이 이끄는 대한 북로 독군부의 독립군 연합 부대가 중국 지린성 허룽현 봉오동에서 일본군 제19사단 월강추격 대대와 싸운 전투이다.
• **청산리 전투** : 1920년 10월 김좌진이 지휘하는 북로 군정서군, 홍범도가 지휘하는 대한 독립군 등이 주축으로 청산리 백운평, 천수평, 완루구 등지에서 일본군과의 싸움에서 10여 차례 승리한 전투이다.

[예시답]
신 : 신사에 참배를 하기 위해서
사 : 사랑하는 마음을 담아 절하라고 하지만
참 : 참사랑을 실천하는 우리는 우리나라를 절대
배 : 배신할 수 없기 때문에 절대 참배할 수 없다!

[길라잡이]
• **창씨개명** : 1940년 2월부터 광복 직전까지 일본이 내선일체를 강조한 조선인의 황민화 정책 중의 한 가지이다. 조선인에게 일본식 성씨를 강요하여 일본식 제도를 따르게 하였다.
• **신사 참배** : 조선에 신사를 세우고 조선인에게 참배를 강요한 일이다. 대부분의 국민들과 마찰을 빚었다. 당시 내선일체의 구호 아래 지원병 제도, 황국 신민 서사 암송, 조선어 사용 금지 등이 조선인들에게 강요되었다.

43쪽

[정답]
일본, 일본군, 미얀마, 미국

[예시답]
위안부 편지
일본 총리님, 안녕하세요?
일본 정부는 지금까지 위안부와 전쟁 피해자들에게 사과를 해 왔습니다. 하지만 지금도 위안부 할머니들께서는 씻을 수 없는 고통을 간직한 채 살아가고 계십니다. 총리님이 깊은 관심을 가지고 진심 어린 사과와 더불어 적절한 보상과 의료 지원, 복지 혜택을 주시길 바랍니다.
 우리는 과거의 문제를 해결하고 평화롭고, 화합하며 살아가길 원합니다.

45쪽

[정답]

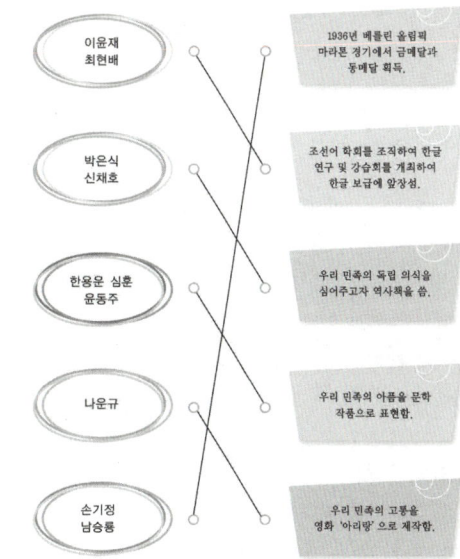

[도움글]
• **조선어 학회** : 1921년 창립된 조선어 연구회의 명칭이 바뀐 것으로 한글을 연구하는 학회이다. 현재는 한글 학회로 남아 있다. 일본은 1938년 이후로 조선어 교육을 폐지했다. 조선인은 한글을 쓰거나 말할 수 없었다. 함흥의 한 학생이 한국어로 대화하다가 경찰에 발각되어 조선어 학회가 관련되었다는 것이 알려져 조선어 학회를 독립운동 단체로 몰아 40여명이 고문을 받거나 취조를 받았다.

46쪽

[정답]
(청나라에 원병을 요청함), (일본이 러시아에 승리함), (미국이 원자 폭탄으로 공격함)

[도움글]
• **청일 전쟁** : 청나라와 일본이 조선의 지배권을 놓고 1984

년 7월 25일~1895년 4월까지 벌인 전쟁. 일본이 이겨 1895년 4월 17일 시모노세키 조약이 체결됨.
• 러일 전쟁 : 러시아와 일본이 만주와 한반도에서 주도권을 놓고 1904년 2월 8일~1905년 5월까지 벌인 전쟁. 1905년 9월 5일 포츠머스 강화 조약이 체결되어 대한 제국이 합병의 길을 걷게 됨.
• 태평양 전쟁 : 일본이 미국과 인도차이나 및 동남아시아 지역의 지배권을 놓고 1941년~1945년까지 벌인 전쟁. 1945년 8월 15일 일본이 무조건 항복을 하여 태평양 전쟁이 끝이 남.

47쪽

①안 ㉠창 호　　②서 ㉡재 필　　㉢심
　중　　　　　상　　　　③이 승 훈
　근　　㉣윤　돈
　　　④이 봉 창　⑤김 ㉤좌 진
　　　　　길　　　옥
　　　　　　　　　균　　⑥이 ㉥하 응
⑦김 ㉦홍 집　　　　　　　인
　범　　⑧신 ㉧채 호　　　영
　도　　　돌　　　　　　　　　이 ㉨
　　　　　석　　　　⑨전 봉 준

〈세로 : 한일 쓰기〉
㉠ 이토 히로부미를 저격함 　㉡ 국채 보상 운동을 벌임
㉢ 소설가, 작가 주요 저서 : 상록수
㉣ 도쿄에서 일왕을 자격함 　㉤ 갑신정변을 주도함
㉥ 헤이그 특사단으로 파견됨
㉦ 봉오동 전투에서 일본군에 승리함
㉧ 평민 최초의 의병장 　㉨ 헤이그 특사단으로 파견됨

48쪽

[예시답]
친일파들은 나라를 지키기 위해 일어선 의병을 진압하고, 일본 정부로부터 각종 부동산과 돈을 받고, 귀족의 지위까지 받았습니다. 하지만 아직까지 친일파의 재산을 환수한 것은 아주 적습니다. 과거를 청산하기 위해서라도 법을 재개정하여 친일파의 재산을 모두 찾아내어 국고로 돌려야 합니다.

[도움글]
　법무부에 따르면 친일 반민족 행위자 재산 환수 관련 소송은 97% 이상 승소하였다. 하지만 현재까지 국가에 귀속된 친일파의 땅은 전체의 3% 정도에 불과한 실정이다. 현행 상법상 후손들이 물려받은 토지를 팔거나 법인 재산으로 등록하면 환수 대상에서 제외되기 때문이다.

49쪽

[정답]
• 조선 말기 : 병인양요, 신미양요, 운요호 사건, 강화도 조약, 임오군란, 갑신정변, 동학 운동, 갑오개혁
• 대한제국 시기 : 을사조약, 안중근 의거
• 일제 강점기 전반기 : 3.1운동, 청산리 전투, 6.10 만세 운동
• 일제 강점기 후반기 : 이봉창, 윤봉길 의거, 태평양 전쟁, 해방

[길라잡이]
　학생들이 앞에서 배운 내용을 바탕으로 시간 순서대로 정리할 수 있도록 한다.

50쪽

[길라잡이]
이 문제에서 가장 닮고 싶은 인물로 어떤 인물을 선택하든 상관이 없지만 그 이유는 적절해야 한다. 그래야 자신의 의견이 설득력을 가지기 때문이다. 이와 같은 문제에서는 적절한 이유가 가장 중요하다.

[예시답 1]
전봉준 : 가난한 농민들을 위해 동학 농민 운동을 하였으며 일본에 대항하여 싸웠기 때문이다.

[예시답 2]
안창호 : 겸손한 독립운동 지도자로서 우리나라가 스스로 힘을 키워야 한다고 생각하여 교육에 힘썼기 때문이다.

51쪽

[길라잡이]
이 문제에서 어떤 사건을 인상적이고 의미 있는 사건으로 선택했는지가 중요한 것은 아니다. 다만 의견을 표현하는 문제인 만큼 그 사건을 선택한 이유를 적절히 설명할 수 있어야 한다. 사건의 역사적 배경 설명과 선택 근거는 정교하고 구체적일수록 좋다.

[예시답 1]
대한 제국 선포 : 외세로 인하여 나라의 자주성이 위협 받을 때 자주적인 국가 수립을 염원하는 백성들의 요구를 받아들였기 때문이다.

[예시답 2]
3.1 운동 : 일본 제국의 지배에 항거하여 한반도 전역에서 독립을 선언하고 만세 운동을 시작한 사건이기 때문이다.

리더를 위한
역사 논술
5